U0731168

生命与使命同行

陈辉 著

中国海洋大学出版社

·青岛·

图书在版编目(CIP)数据

生命与使命同行 / 陈辉著. —青岛 : 中国海洋大学
出版社,2021.9
ISBN 978-7-5670-2935-4

Ⅰ. ①生… Ⅱ. ①陈… Ⅲ. ①教育工作－文集
Ⅳ. ①G4－53

中国版本图书馆 CIP 数据核字(2021)第 187334 号

SHENGMING YU SHIMING TONGXING

生命与使命同行

出版发行	中国海洋大学出版社
社　　址	青岛市香港东路 23 号　　邮政编码　266071
网　　址	http://pub.ouc.edu.cn
出 版 人	杨立敏
责任编辑	滕俊平
电　　话	0532－85902342
电子信箱	appletjp@163.com
印　　制	日照日报印务中心
版　　次	2021 年 9 月第 1 版
印　　次	2021 年 9 月第 1 次印刷
成品尺寸	170 mm×240 mm
印　　张	13.5
字　　数	246 千
印　　数	1～3000
定　　价	59.00 元
订购电话	0532－82032573(传真)

发现印装质量问题,请致电 0633－2298958,由印刷厂负责调换。

2002年9月参加山东省初中数学省级骨干教师培训班留影，后排右四为陈辉

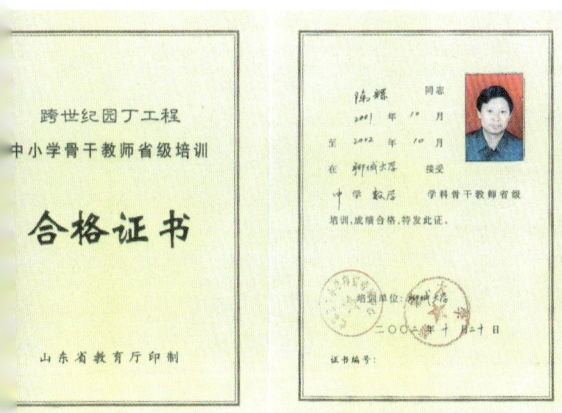

2002年10月获中小学骨干教师省级培训合格证书

2017年出版图书《生命价值与教育情怀》
《制度设计与创新培养》

2008年5月在清华大学考察学习留影

2013年4月参加全国中小学名师工作
室发展论坛留影

2010 年 4 月阳信县小学骨干校长高级研修班留影，前排右五为陈辉

2015 年 10 月与时任苏州第十中学校长柳袁照（中）合影，右一为陈辉

2015 年 12 月到南京考察与行知小学校长杨瑞清（交谈，左为陈辉

2016 年 11 月带队到浙江金华参加山东省义务教育美术乡村教师培训，后排右二为陈辉

2017 年 7 月参加山东省农村教师教学技能项目中作会并进行汇报

2017 年 10 月参加教育部"国培计划（2017）"培训留影，三排左七为陈辉

年 12 月主持阳信县学科培训毕业典礼，右一为陈辉

2021 年 7 月受聘担任滨州学院外聘专家，左四为陈辉

年 7 月在全县名校长及教育干部培训班结业式上讲
左一为陈辉

2019 年 9 月在全县教师节文艺晚会上表演《花开"三名"》，前排右三为陈辉

2019 年 11 月到新疆喀什慰问支教教师留影，后排右三为陈辉

2009 年 9 月获山东省"百佳书香人家"荣誉称号

2017 年 12 月考察中国共产党第一次全国代表大会会址留影

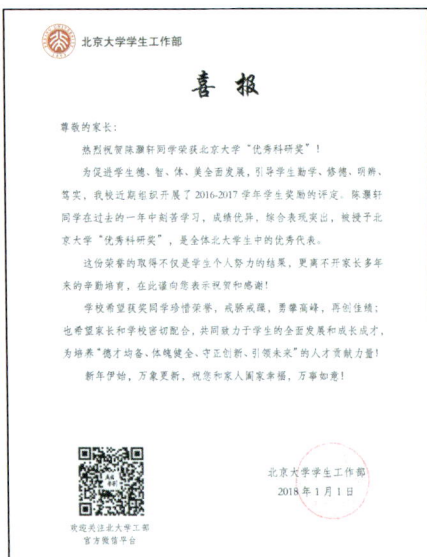

2018 年 1 月来自北京大学的喜报

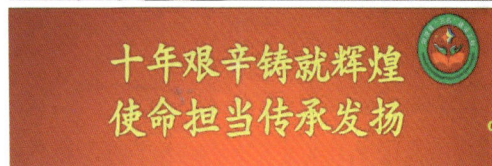

2020 年 9 月在阳信县"三名"工程人选第七次专业成长论坛上讲话

序

　　《武定府志》载："信水之阳也，钧河，径县境。至城南十里为信河。"因汉代名将韩信自燕伐齐屯兵古笃河之阳而得名的阳信县，历史悠久，人杰地灵。阳信县厚重的历史文化催生了一批批有思想、有作为的"草根"教育家，阳信县教育和体育局师训办公室主任陈辉就是其中之一。

　　孔子曰："事父母，能竭其力；事君，能致其身；与朋友交，言而有信。虽曰未学，吾必谓之学矣。"通读《生命与使命同行》一书，深感用"生命与使命同行"来形容陈辉很是贴切。陈辉，一位普通的县级师训办公室负责人，用对教育的挚爱与忠诚，硬是拼出了一片不一样的天地。近年来，阳信县教育和体育局组织实施了教育硕士化、"三名"、薄弱学科教师教学技能培训、职初培养、岗位名师培训等多项教育干部、教师专业提升工程。近几年来该县有8人入选"齐鲁名师""齐鲁名校长"，有50人成为滨州市"名校长""名班主任""名教师"，这些成绩的取得离不开陈辉对阳信县教育事业的专业引领与辛勤付出，更离不开他十年如一日对全县教师"育树育林育未来"的坚守与不断创新。他的恪尽职守、不忘初心，难能可贵。

　　苏霍姆林斯基说："思想是根基，理想是嫩绿的芽胚，在这上面生长出人类的思想、活动、行为、热情、激情的大树。"陈辉的教育事业发展历程，不仅为自己种下了生命之树，更为阳信县的教育培育了一片森林。

　　"三名"工程是陈辉教育生涯中浓墨重彩的一笔，他对"三名"工程多年的坚持和情有独钟令人敬佩。每一次培训活动、协作组活动、专业论坛活动，都饱含着他对阳信县教育事业的爱与责任，那是源自生命的付出。他对自己组织的每一次活动都力求完美，他的每一次讲话都激情满怀。细品本书，如同品一杯香茶，茶未入口，香已沁人心脾。他的爱与坚守令人动容。

　　一是他情有独钟的教育坚守。19年的一线教学生涯，使他成长为市级教学能手、省级骨干教师；16年的德育和教师培训工作，为阳信县建立了教师梯队，培养了一批名师。

　　二是他温暖有爱的书香家庭。陈辉家中最温馨、最闪光的地方是书房。茶饭之后,他们三口聚在书房不是一起读书,就是探讨人生、研究学术。在这种家庭氛围熏陶下,他的儿子成为北京大学的博士研究生、加州大学洛杉矶分校的博士后绝非偶然。

三是他的爱与担当。对教育,他数十年如一日地秉持教育情怀,勇于探索,敢于担当;对父母孝敬,对家人关怀。他将小爱化为大爱,用爱温暖身边的每一个人。

四是他终身学习的进取精神。他已过了知天命之年,岁月让他不再年轻,但追求人格完善与教育能力提升的进取精神仍使他动力十足。他每天都有读不完的书、干不完的事,他的进取精神值得我们学习。

五是他育儿报国的思想境界。永怀赤子之心报效国家、服务人民、造福家乡是陈辉对留学的儿子、儿媳提出的希望和要求,每一个字都透出他浓浓的家国情怀,既是为家,更是为国。

大爱无言,行者无疆,是为序。

国家教育行政学院　于维涛

2021 年 7 月 5 日

目 录

教学教研篇

观课报告

教学设计

课题研究

专业引领篇

活动讲话

参训随笔

专题报告

媒体报道

学校德育篇

家庭家教篇

教学教研篇

课题研究

教学设计

观课报告

观课报告

浅谈初中数学复习课教学策略
——2020 年"互联网＋教师专业发展"研修观课报告

通过远程研修,我有幸聆听了淄博市博山区第一中学李全成老师的一节代数复习课"分式方程复习"。李老师主要按照由整体到部分再到整体的思路,首先通过教学目标和知识结构图的展示,使学生对本单元知识进行系统把握,构建完整的知识结构,再通过层层递进的练习,达到复习巩固所学知识的目的。本课所复习的内容是考察的重点,层层递进的训练使学生体会到知识之间的递进关系和知识间的密切联系。所选的题目都是从课本上精选的例题或者是习题的变式,整节课的达成度比较高。通过听这节复习课,我对怎样上好初中数学复习课有了新的思考。

新课标指出,数学教学中,不但要加强基础教学,培养学生的能力,发展学生的智力,而且要发展学生的个性,培养良好的身心素质,发挥每个学生的主动性和积极性,使学生真正成为学习的主体。因此在复习中我们应该注重以下几个方面。

一、重基础,全面反馈,再提高、再发现

学生要全面把握知识,内化完整的知识体系,做出全面的反馈。复习中,教师不能按部就班地照着书本的知识重讲一遍或每课一练,避免使学生吃"冷饭",费时、费力、效率又低。应该注重巩固学生的基础知识,增强学生参与学习的主动性,让他们自己去发现问题、提出问题,思考、探讨、分析,最后得出结论,并且能灵活运用,举一反三。所以,复习中应该重基础、全面反馈、再提高、再发现。

经过一学期(或一学年)的学习,学生对知识的掌握情况究竟如何? 可进行全面检测。针对每一部分内容中的基础、重点和难点知识,选择不同难度的练习

题,要求学生在自己复习的基础上独立、认真地完成。教师通过批改习题发现学生存在的问题,着手编写复习课教学计划,理清基本概念、基础计算、基本操作、基本应用等方面的知识结构网络。同时,指导学生检视自身对知识的掌握情况,并制订自己的复习计划。

二、贴近实际,专题复习,典型反馈和个别反馈相结合

一是重视分层导学,发展共性,培养个性。复习过程中,鼓励学生相互检查,相互出试卷检测,共同提高。在分层导学中,帮助优生确立主要目标——审题万无一失,解题灵活运用;帮助中等生确立主要目标——细心检查,努力提高;帮助学困生确立主要目标——夯实基础,确立知识底线。在操作过程中,要把学生的各种反馈信息进行分层,并即时归纳整理,确立复习思路、复习重点,加强针对性。既要重视学生的共同知识缺陷,又要重视个体的差异特点。

二是对学生进行专题复习训练,融知识复习于技能训练中,强化学生的"内功",向练习要质量。在练习时,以专题(如应用题专题、计算专题)为主进行定向训练,精讲精练,加强典型训练,及时反馈。教师必须精心选编针对性强的练习,不做无用功。

三是注重单元试卷、综合试卷、学生自我评价的反馈。把每一章节的知识联系在一起复习,加强知识的连贯性,调动学生复习的积极性,提高每节复习课的效率。在这一阶段的复习中,要灵活选择时机进行专题测试,在专题测试试卷评析的基础上,要求学生对本张试卷所反映的情况进行书面自我评估。查漏补缺之后,综合各单元所反映的情况,进行综合性试卷反馈,即有的放矢地进行针对性补缺、定向复习,发现问题后再进行定向突破。训练中必须要做到定时定量,追求速度和效果的统一,鼓励学生争取记录好人手一册的错题集,灵活运用错题集,经常翻阅分析,力争错误不再重犯。

三、"找缺陷、强反馈、切提高"的复习思路

"步步反馈,逐层提高"应体现以学生为主体的原则,教师把学生的各种反馈信息经过去伪存真、去表及里的分析、归纳和整理,找到学生对知识掌握的整体性和局部性缺陷,再进行针对性的辅导。教师应恰当组织复习,避免学生重复做大量已掌握知识部分的习题,把精力集中在未掌握的知识部分,真正做到学生缺什么,教师就补什么、强化什么。

为了解学生对知识掌握的总体情况,提高其综合素质和应变能力,可对学生进行一系列适应性、开放性、灵活性测试。为此,教师要花时间去精心组织、编创、翻新、综合一些质量高、目标性强、检测点准、灵活开放的测试题,让学生感到

每一题都是有训练价值的。

检测之后,教师不仅要精讲巧析,洞察、记录学生的知识与技能缺陷,及时对症下药,还要在下一次检测中有所侧重。另外,要让学生学会正确地评估自我,自觉查漏补缺,面对复杂多变的题目,能严密审题,弄清知识结构和知识规律,发掘隐含条件,多思多练。

学生的发展是不平衡的,对不同的学生既要统一要求,又要顾及差异,正确处理好"培优辅差促中间"的关系。同时,要培养学生健康的心理素质,教导学生正确对待知识掌握和检测结果(分数)之间的关系。

2020 年 12 月 12 日

"一元一次方程"教学设计

一、教学目标

（一）知识与技能

了解方程及一元一次方程、一元一次方程解的概念。

（二）过程与方法

经历"把实际问题抽象为数学方程"的过程,体会方程是刻画现实世界的一种有效的数学模型,认识从算式到方程是数学的进步。

（三）解决问题

把实际问题抽象为数学方程。

二、教学分析

方程是初等代数的核心内容,是解决实际问题的一种重要的数学模型。方程的出现是从算术方法发展到代数方法的重要标志之一。方程随着实践的需要而产生,它是具备了"含有未知数"特征的等式,它使得实际问题中的已知数与未知数通过等式连接起来。列方程描述问题中的相等关系,解方程使问题中的未知数转化为确定的解,这种以方程为工具解决问题的思想即"方程思想"。

（一）重点

1. 把实际问题抽象为数学方程,培养学生的建模意识。

2. 一元一次方程及解的概念。

（二）难点

如何把实际问题抽象为数学方程。

三、教学过程

（一）课前预习

1. 在小学我们已经学过简易方程,那么方程是如何定义的呢?

2. 判断下列各式是不是方程,是的打"√",不是的打"×"。

(1) $-2+5=3$ (　　) 　　　　(2) $3y-1=7$ (　　)

(3) $2a+b$ (　　) 　　　　　　(4) $x>3$ (　　)

(5) $x+y=8$ (　　) 　　　　　(6) $2x^2-5x+1=0$ (　　)

3. 分别用算术法和方程解答下列问题。(不要求求方程的解)

一辆轿车和一辆客车同时从 A 地出发沿同一公路同方向行驶,轿车的行驶速度是 70 km/h,客车的行驶速度是 60 km/h,轿车比客车早 1 h 到达 B 地,A、B 两地间的路程是多少?

┌───┐
设 计 说 明

　　认知是从感知开始的,感知是认知的门户,是一切知识的来源。让学生在已有的知识基础上进行知识的建构,为课堂教学做准备。
└───┘

(二) 课内探究

课内探究具体过程见表1。

表 1 课内探究具体过程

问题情境	师生行为	设计意图
[以学促悟　思方程] 1. 在小学我们已经学过简易方程,那么方程是如何定义的呢? 2. 判断下列各式是不是方程,是的打"√",不是的打"×"。 (1) $-2+5=3$ (　) (2) $3y-1=7$ (　) (3) $2a+b$ (　) (4) $x>3$ (　) (5) $x+y=8$ (　) (6) $2x^2-5x+1=0$ (　) 3. 分别用算术法和方程解答下列问题。(不要求求方程的解) 一辆轿车和一辆客车同时从 A 地出发沿同一公路同方向行驶,轿车的行驶速度是 70 km/h,客车的行驶速度是 60 km/h,轿车比客车早 1 h 经过 B 地,A、B 两地间的路程是多少?	创设轻松愉悦的课堂氛围。 上课前先让学生以小组为单位对课前预习情况进行交流。学生代表进行汇报。 学生用算术方法解决路程问题较困难,根据小学学习的方程知识,学生能够列方程解决。 教师引导学生用算术法解决,然后让学生体会算术法与方程各自的特点。 师生共同总结术法与方程法各自的特点,体会到从算术法到方程是数学的进步。	基于学生的学情,复习小学时学习的方程的概念,为本节学习奠定基础。设置实际问题让学生采用算术法和方程进行解决,使其充分体会用算术法解决复杂的实际问题比较困难,用方程更为简单,体会方程的进步性,体会从小学算术法到中学方程的过渡是必然的,同时实际问题的引入发挥了问题情境的教学价值。

问题情境	师生行为	设计意图
[以悟造境　识方程] 　　一辆轿车和一辆客车同时从A地出发沿同一公路同方向行驶,轿车的行驶速度是 70 km/h,客车的行驶速度是 60 km/h,轿车比客车早 1 h 经过 B 地,A、B 两地间的路程是多少?	学生先独立思考,对实际问题深入探究,然后教师引导进行解答,让学生体会一题多解以及怎样将实际问题转化为方程问题。 　　师生共同总结: 　　1. 将实际问题转化为方程问题的方法。 　　2. 列方程的依据是什么? 　　学生独立思考后回答。教师点拨:实际问题用方程的形式进行刻画,实际上呈现的是一个方程模型,也就是数学中常说的数学建模,本章建立的是方程模型。体会建模的数学思想。	在概念教学中如何激发学生的学习兴趣?一方面,探寻概念在生活中的源头,选取贴近学生生活的实际问题。另一方面,通过教师启发、师生问答明确概念的内涵和外延,让概念的形成过程是一个充满探索的发现之旅。通过对一个实际问题深入讲解让学生进一步体会将一个实际问题转化为方程的关键是抓住等量关系。同时体会把实际问题转化为方程问题的步骤:审、找、设、列、解、验、答。苏霍姆林斯基说,在人的心灵深处,都有一种根深蒂固的需要,就是希望自己是一个发现者、研究者、成功者,而在儿童的精神世界中,这种需要特别强烈。
[以学促思　辨方程] 　　观察下列方程,它们有什么共同点? 　　(1) $\dfrac{x}{60} - \dfrac{x}{70} = 1$ 　　(2) $70(z-1) = 60z$ 　　(3) $70y = 60(y+1)$ 　　问题 1　每个方程各含有几个未知数? 　　问题 2　说一说每个方程中未知数的次数。 　　问题 3　等号两边的式子有什么共同点?	学生根据前面的实际问题列出的方程有什么共同特点。 　　学生先独立思考,思考后小组内进行交流,总结归纳,学生代表进行回答。 　　教师点拨得出一元一次方程的定义并进行强调,明确元、次的含义。	学生独立观察四个方程的特点,培养观察、分析问题的能力,小组合作交流产生思维的碰撞,对知识的理解起到积极促进作用,生成新的知识,即一元一次方程的概念。

问题情境	师生行为	设计意图
判断下列哪些是一元一次方程? (1) $2x+1$ (2) $2m+15=3$ (3) $3x-5=5x+4$ (4) $x^2+2x-6=0$ (5) $-3x+1.8=3y$ (6) $3a+9>15$ (7) $\dfrac{1}{x-6}=1$ 我会编方程: 1. 自己写两个一元一次方程。 2. 若关于 x 的方程 $2x^{\lvert n\rvert-1}-9=0$ 是一元一次方程,则 n 的值为_____。 【变式题】加了限制条件,需进行取舍。 方程 $(m+1)x^{\lvert m\rvert}+1=0$ 是关于 x 的一元一次方程,则 $m=$_____。	学生独立思考后并说明不是一元一次方程的原因。对于每一个方程不但要判断是否,还要说出原因。教师实时进行点拨强调,加深学生对一元一次方程的认识。写方程,通过逆向思维的方式,让学生写不同的一元一次方程,锻炼了学生的思维。对练习题2和变式题学生独立思考后并回答,师生共同总结。 注:一元一次方程中求字母的值,需谨记两个条件: 1. 未知数的次数为1。 2. 未知数的系数不为0。	三个问题的设计具有梯度性。第一题为基础题,主要考察对一元一次方程概念的掌握情况,巩固概念。第二题对一元一次方程的特点再认识,培养学生解决问题的能力。第三题变式训练是提高学生数学技能,促进学生高阶思维能力的发展。
[以思促知 解方程] 对于方程 $4x=24$,$x=6$ 可以使等式成立。对于方程 $70y=60(y+1)$,你知道 y 多少时,等式成立吗?我们来试一试。	利用课前方程引例,学生易得出当 $x=6$ 时方程成立,通过探究实际问题得出方程的解,让学生体会方程的解与方程的概念,同时明确方程解的形式。	在学生原有认知的基础上,进一步明确方程解的概念以及解的形式,让学生体会从特殊到一般、从具体到抽象的方法。
例:检验 $x=3$ 是不是方程 $2x-3=5x-15$ 的解。	学生独立解决并回答,教师引导学生总结出判断一个值是不是方程解的步骤: 1. 将数值代入方程左边进行计算。 2. 将数值代入方程右边进行计算。 若左边=右边,则是方程的解;反之,则不是。	让学生进一步体验方程解的概念,总结出判断是否为方程解的步骤,使得所学知识内化于心。
[以思促行 固方程] 达标检测	学生独立解决,教师点拨。	对本节课学习的知识进一步巩固,教师根据学生掌握情况对教学策略及时做出调整,为下一节课的学习打好基础。

（三）课后反思

"一元一次方程"是七年级《数学》（人民教育出版社出版，简称"人教版"）上册第三章第一节的内容，是在小学学习了方程概念的基础上进行的，是进一步学习二元一次方程组、一元二次方程、分式方程等的依据。

本节课先从方程引入，因为学生在小学已学过简易方程，所以快速复习方程的定义并找出关键词，让学生紧扣定义中的关键词去判断方程，为后面一元一次方程定义的讲解及应用做铺垫。第二部分从实际问题即行程问题入手，一步步引导学生列出方程，让学生体会由实际问题转化为数学问题的过程，初步体会数学建模思想、方程的思想。将一个实际问题深入分解得到三个方程，让学生观察三个方程的特点，总结出一元一次方程的定义。设置求参数的题目，同时将未知数项的系数不为0的关键条件列出，加深了学生对定义的理解。通过简单方程得出方程解的概念，并得出一个数是否为方程解的步骤，最后课堂小结和课堂检测及时回扣学习目标，让学生做到心中有数。

遗憾的是，在一开始引入应用题时，在实际问题的处理上有些头重脚轻，处理过程耗时太多，导致最后一元一次方程的概念阐释和最后练习巩固的时间不足；练习和讲解过程中有教师包办的嫌疑；在讲解实际问题时，数学建模思想没有很好地渗透。

"不等式及其解集"教学设计

一、教学目标

（一）知识与技能

1. 了解不等式的概念。

2. 理解不等式的解、解集，能正确表示不等式的解集。

（二）过程与方法

通过类比等式，探索不等式的概念和解，体会不等式与等式的异同，初步掌握类比的思想方法。

1. 经历把实际问题抽象为不等式的过程，能够列出不等关系式。

2. 初步体会不等式（组）是刻画现实世界中不等关系的一种有效数学模型，培养学生的建模意识。

（三）情感、态度与价值观

通过对不等式概念及其解集等有关概念的探索，培养学生的知识迁移能力和建模意识，加强同学之间的使用与交流。

二、教学分析

1. 重点：不等式相关概念的理解和不等式的解集的表示。

2. 难点：不等式解集的理解。

三、教学过程

上课前先让学生自主预习课本，完成导学案第一部分。

开始上课时，教师提问："同学们喜欢做游戏吗？那我们这节课来做一个游戏。请小组长带领组员做好准备工作，有不同意见请在组内交流。"

（一）自主预习，感受新知

1. 用_____连接的式子叫等式。

2. 用_____连接的式子叫不等式。

3. 含有未知数的_____叫方程。

4. 使得方程等号两边_____的未知数的_____叫方程的解。

5. 使得不等式_____的未知数的_____叫不等式的解。

6. 一个含有未知数的不等式的_____组成这个不等式的解集,求不等式_____的过程叫解不等式。

7. 数轴三要素是:_____,_____,_____。

设 计 意 图

让学生初步感知本节课要学习的重点知识,做到有的放矢。让学生类比等式、等式的解的相关概念预习不等式的概念、解和解集。培养学生自主预习的习惯、小组合作的意识。以做游戏的方式调动学生的积极性,且开始没有说明是什么游戏,引起了学生的兴趣。本节课是概念课,可按照对学生懂的部分不再重复的原则设计本环节。

(二) 自主探究,导入新课

学生独立思考进行解答,教师点拨,类比等式得出不等式的概念,同时帮助学生养成爱读书的好习惯。

1. 今天(4 月 23 日)是世界读书日,我们班打算举行"同读一本书"活动,小强按照标价的 8 折买了一本书,共付了 8 元钱。一本书的标价是多少元?

解:设一本书的标价是 x 元,根据题意得

$0.8x＝8$

通过类比得出不等式的概念及常用的不等号。

设 计 意 图

每年 4 月 23 日是世界读书日,由此导入,让学生充分体会数学来源于生活、服务于生活的道理。帮助学生养成爱读书的好习惯,真正做到在数学学科中渗透德育。学生独立思考完成两道题,培养学生独立思考的好习惯。

2. "最强大脑第一季"。

(1) 下列式子哪些是不等式,哪些不是不等式? 为什么?

① $-2<5$ ④ $a-2b$ ⑦ $8+4>7$

② $x+3>6$ ⑤ $a+b$ ⑧ $\dfrac{3}{x+1}<\dfrac{2}{5}$

③ $4x-2y\leqslant0$ ⑥ $5m+3=8$ ⑨ $3x^2+2>0$

自己再举几个例子。

（2）用不等式表示。

① a 与 1 的和是正数。　② y 的 2 倍与 1 的和小于 3。　③ y 的 3 倍与 x 的 2 倍的和是非负数。　④ 长、宽分别为 x cm、y cm 的长方形的面积不大于边长为 a cm 的正方形的面积。

设 计 意 图

　　采用不同形式的练习，加深学生对概念的理解。学生通过自己出题，提升了学习能力。同时，从游戏环节引入学习，使得学生在轻松、愉快的氛围中学习知识。

（三）自主交流，探究新知

学生先课前预习，思考方程解的定义，类比方程的解给不等式的解下定义。

小组分工合作完成习题，教师点拨。

1. 判断下列各数哪些是不等式 $0.8x<8$ 的解。

x	2	5	7	9.9	10	10.1	6	12	0.1
是不是不等式的解									

你还能找出这个不等式的其他解吗？这个不等式有多少个解？你能说出它的解集吗？

通过习题得出不等式解集的第一种表示方法，用不等关系式表示。

一般的，一个含有未知数的不等式的所有的解组成这个不等式的解集。求不等式的解集的过程叫解不等式。

2. 直接写出不等式的解集。

（1）$x+1>0$　　（2）$x+1\leqslant 5$

学生独立思考完成，然后小组合作交流。

设 计 意 图

　　学生根据方程的解通过代入法可以得到验证，很容易就想到不等式的解也可通过代入法进行验证。小组分工合作，节省了时间，培养了学生的合作意识。教师通过举例，让学生更加深刻地理解了不等式的解以及解集之间的关系。

3. 用数轴把上面的解集表示出来。

本环节先以插入微课的形式进行讲解，然后采用让学生板演的方式，小组同学互相纠错,并每人出一道题,交换解决。教师根据学生做题的情况进行及时点拨和点评。

用数轴表示下列不等式的解集。

(1) $x > -1$　(2) $x \geq -1$　(3) $0 < x \leq 2$

写出下列数轴所表示的不等式的解集。

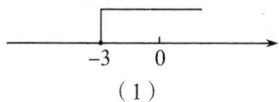

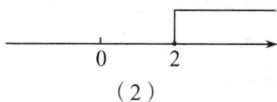

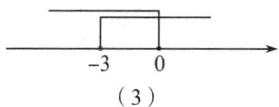

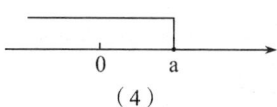

（1）　　　　　　　　　（2）

（3）　　　　　　　　　（4）

设 计 意 图

通过不同的授课形式(如微课),刺激学生的感官,进一步激发学生的学习兴趣。通过学生板演,规范学生画图习惯,养成细致严谨的习惯。小组同学之间互相纠错,在查找别人错误的同时也提醒自己。相互出题,进一步提升了学生的成就感。变式训练,可使学生灵活掌握解集的表示方法,训练了学生的思维。

(四)自主应用,巩固新知

通过游戏竞赛的方式完成,让学生在轻松、活跃的氛围中收获知识,收获成功的喜悦。

1. 下列说法中错误的是（　　）。

A. 不等式 $x < 5$ 的解有无数个

B. 不等式 $x < 5$ 的正整数解有有限个

C. $x = -4$ 是不等式 $-3x > 9$ 的一个解

D. $x > 5$ 是不等式 $x + 3 > 6$ 的解集

2. 图中表示的是不等式的解集,其中错误的是（　　）。

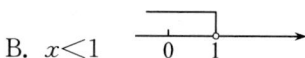

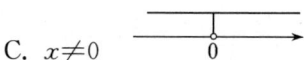

A. $x \geq -2$　　　　　　　B. $x < 1$

C. $x \neq 0$　　　　　　　D. $x < 0$

3. (2014·滨州)王芳同学到文具店购买中性笔和笔记本,中性笔每支 0.8元,笔记本每本 1.2 元,王芳同学带了 10 元钱,设中性笔买了 x 支,笔记本买了

y 本, 列不等式得: _____。

4. 请任意选取一幅图, 根据图上信息, 写出一个关于温度 x (单位: ℃)的不等式。

> 今夜
>
> 晴
>
> 降水概率 0%
>
> 偏北风 4~5 级
>
> 最低气温 9 ℃

> 1. 单独手洗, 勿浸泡, 水温 30 ℃ 以下。
> 2. 低温垫布熨烫, 不超过 110 ℃。
> 3. 悬挂晾干。

设计意图

本环节题目的设置注重与实际生活的联系, 时刻让学生体会到本节课所学知识在生活中的重要性, 从而激发学生认真学习的意识。采用竞赛的方式, 增强学生的竞争意识。通过及时练习, 学生进一步巩固了知识。

(五) 自主总结, 升华提高

先让学生自己总结, 教师在学生总结的基础上进一步点拨升华, 最后采用思维导图(图 1)的形式进行全面总结。

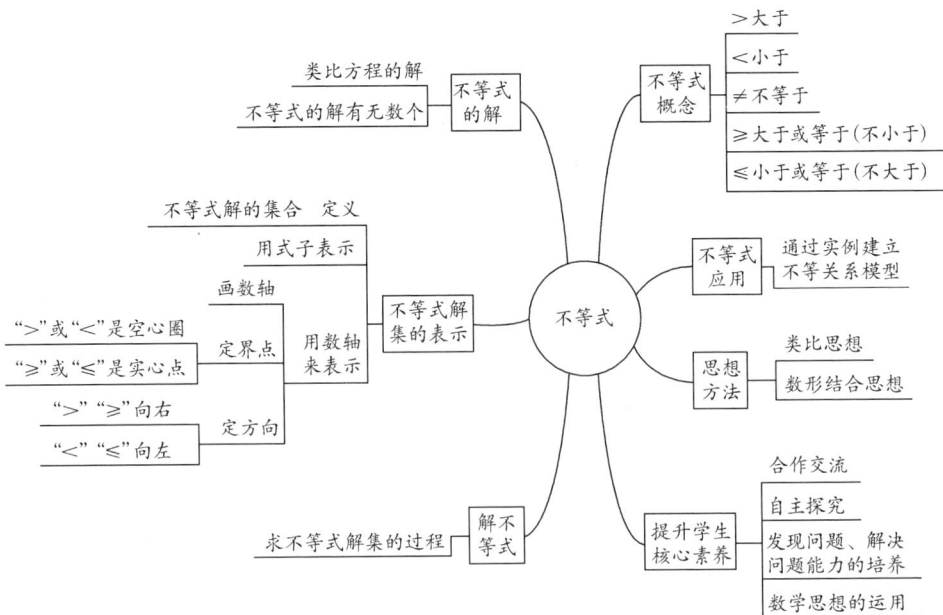

图 1 思维导图

设 计 意 图

学生通过自己总结,对本节课的知识进行梳理。通过思维导图的形式进行总结,学生对本章知识有了系统的认识,形成知识网络。

(六)自我检查,信息反馈

1. 列出不等式。

(1) $x+1$ 是负数

(2) x 与 -5 的差不大于 1

(3) a 的 2 倍与 1 的和是非负数

2. 用数轴表示下列不等式的解集。

(1) $x<-3$　(2) $x\geqslant2$

3. 已知下列各数,请将是不等式 $3x>5$ 的解的数填到椭圆中。

$$4,-2.5,0,1,2,4.8,3,8$$

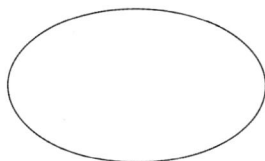

不等式 $3x>5$ 的解集

4. 不等式 $3x>5$ 的解集是:＿＿＿＿＿＿。

5. 在数轴上表示不等式 $3x>5$ 的解集,正确的是(　　)。

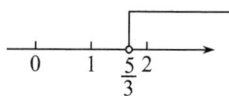

A

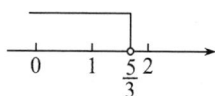

B

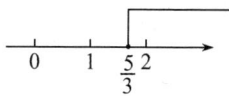

C

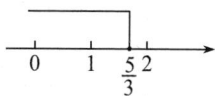

D

设 计 意 图

当堂检测的形式,让学生进一步查缺补漏;使教师能够及时了解学生对知识的掌握情况,以便确定下一步教学工作的方向。

"三角形的内角和"教学设计

一、教学目标

（一）知识与技能

1. 证明三角形内角和定理，并能运用定理。

2. 能利用定理进行角度计算，并学会利用辅助线证题。

（二）过程与方法

1. 经历证明三角形内角和的研究过程。

2. 培养学生的推理能力和创新思维能力。

（三）情感、态度与价值观

1. 在活动中培养学生的创造性，促进个性发展。

2. 体验解决问题的成就感。

3. 培养学生探索数学知识的兴趣，使其体会学习成功的快乐。

二、教材分析

（一）内容分析

三角形内角和定理是"空间与图形"中的一个很重要的定理。

（1）它为以后学习多边形内角和定理奠定基础。

（2）它在实际生活、生产中有广泛的应用。

（3）它是求角度的有力工具（有时非它不可）。

三角形内角和定理的证明过程对学生形成数学思想和提高逻辑推理能力有重要作用，其论证过程主要涉及转化的思想、方法。学过之后，这种思想、方法可以类比运用到对其他问题的探索与解决过程之中。

在证明过程中，学生学到的不仅是知识、方法及数学逻辑，他们在克服困难、选择学习方式等方面将大有收获，说明本节内容对学生非智力因素的影响还是非常大的。

（二）学情分析

（1）学生在小学已经了解了三角形内角和是 180°，并且在初一时学习了平行线的性质，这为证明三角形内角和定理提供了认知基础。

（2）从学生的学习动机与需要方面看，他们有探究新事物的欲望和好奇心，这为探究三角形内角和定理的证明策略及方法提供了情感保障。

（3）学生在学习三角形内角和定理的证明过程中，其认知顺序可能是建构型的。平行线是其原有知识储备的主要图式，他们利用原有图式完全可以同化三角形内角和定理。

（三）障碍预测

学生第一次接触几何证明过程中的辅助线，并且辅助线的添法没有统一的规律，根据需要而定。另外，本节课要训练学生把几何命题翻译为几何符号语言，这对学生来说有一定难度。

（四）教学重点、难点

重点：动手操作、自主探究发现三角形的内角和等于 180°，并能进行简单的应用。

难点：采用多种途径证明三角形的内角和，拓宽学生思路。

三、设计思路分析

三角形内角和定理是学生接触较早的定理之一，其内容和应用早已为学生所熟悉。因此，本节课需要重点解决的问题是定理的证明。在定理证明过程中，学生将首次接触和应用辅助线，于是，在证明过程中"为什么要添加辅助线""如何添加辅助线"就必然成为本节课学习的重点。

本课旨在通过证明三角形内角和定理的教学实践，使学生了解几何证明的思想，体会辅助线在几何问题解决中的桥梁作用。同时，引领学生体会数学中的重要思想——数形结合。

借助"撕三角形纸片，拼接，验证三角形内角和定理"的过程分析，启发诱导学生初步体会辅助线及其证明中的作用。最后，引导学生进一步体会添加辅助线方法的多样性，渗透"最优化"思想。

四、教学策略

1. 学教方式：为真正落实学生的主体地位，教师成为教学过程的组织者、合作者、引导者。主要采用学生自主探究、合作交流学习、教师引导发现的教学方式。

2. 教学支持：为促进学生自主学习、增大课堂容量、提高效率、突出重点、突破难点，本节课将采用多媒体演示教学。

五、教学过程

（一）温故而知新

1. 回顾平行线的性质。

2. 思考以前学过的与180°有关的知识有哪些。

> **设计意图**
>
> 因为三角形内角和定理需要运用平行线的性质以及平角的定义进行证明，学生回答与180°有关的知识会回答出三角形的内角和是180°，从而引出课题。

（二）合作学习

活动1：我们知道三角形三个内角的和等于180°。那么，你能验证这个结论吗？

请大家以小组为单位，利用手中的工具（课前准备的锐角、直角、钝角三角形纸片、量角器）想办法验证结论，比一比，看哪个小组想的办法多？

> **设计意图**
>
> 通过活动培养学生自主探究、合作交流的意识，同时锻炼学生的思维，开阔学生的视野，把主动权交给学生，真正让学生体会他们才是课堂的主人。

活动2：让学生在黑板上展示本小组的活动成果（图2）。

在学生展示剪拼的过程中，教师引导其掌握辅助线的做法。

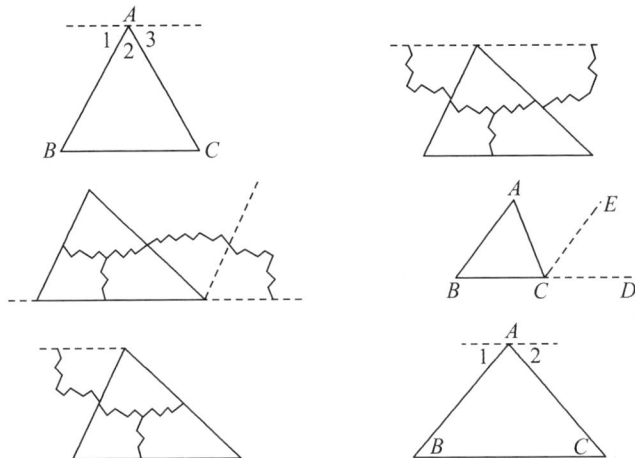

图2　学生拼接成果

设 计 意 图

学生通过参与展示,培养了动手操作的能力以及敢于发言、敢于表现自己的勇气。在展示剪拼的过程中,教师引导学生掌握辅助线的做法,为后面的定理证明做铺垫。

活动3:通过测量、剪拼以及折叠能够验证三角形的内角和是180°,但是测量过程中存在误差,所以这种"验证"不能完全被人们所信服。生活中不同形状的三角形有无数个,我们也不可能通过剪拼和折叠一一去验证,所以必须进行严格的推理证明。根据刚才剪拼提供的思路,你能证明三角形内角和是180°吗?

设 计 意 图

(1)学生以前所接触的都是特殊的三角形,而且"量一量、拼一拼、折一折"受客观因素的制约,影响了研究结果的准确性,况且当时有些学生量出的内角和的度数确实要高于或低于180°。

(2)学生怀疑是正常的,剪拼得到的结论有一定的合理性,但还需通过证明来确认,这正是我们这节课的目的——教育学生研究问题要有严谨的科学态度。

(三)活用化归,证明定理

已知:$\angle A$、$\angle B$、$\angle C$ 是 $\triangle ABC$ 的三个内角,见图3。求证:$\angle A + \angle B + \angle C = 180°$。

找一个学生板演证明的过程。其他学生在练习本上证明。

证明:过点 A 作 $PQ /\!/ BC$

$\therefore \angle PAB = \angle B$(两直线平行,内错角相等),

$\angle QAC = \angle C$(两直线平行,内错角相等),

$\because \angle BAC + \angle PAB + \angle QAC = 180°$(平角的定义),

$\therefore \angle BAC + \angle B + \angle C = 180°$(等量代换)。

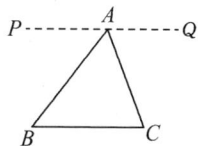

图3

师生共同订正证明过程。

师:同学们写得证明过程很好,在证明过程中,我们添画了射线 PA、AQ,使处于原三角形中不同位置的三个角巧妙地拼凑到一起来了。为了证明的需要,在原来的图形上添画的线叫作辅助线。在平面几何里,辅助线通常画成虚线。

我们通过推理证明了命题:三角形的三个内角的和等于180°是真命题,这时称它为"定理",即三角形内角和定理:三角形三个内角的和等于180°。

设计意图

　　培养学生的"公理化思想",使学生能运用基本事实和定理证明问题,学会运用旧知解决新知,提高合作学习的能力和探究新知的能力。

师:你还有其他方法来证明三角形内角和定理吗?

在刚才剪拼的过程中,你受到什么启发?你有新的证法吗?

证明:过点 C 作 $CE/\!/AB$,作 BC 的延长线 CD

∵ $CE/\!/AB$

∴ $\angle B = \angle 2$ $\angle A = \angle 1$

又∵ $\angle 1 + \angle 2 + \angle ACB = 180°$

∴ $\angle A + \angle B + \angle ACB = 180°$

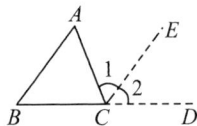

图 4

　　1. 教师组织学生分组讨论:有了之前的知识作铺垫,我们可以开展探究活动了,看哪组最先找到解决办法、哪组找到的方法最多。

　　2. 在学生开展探究的过程中,教师参与其中,对个别遇到困难的小组可以进行适当的引导。

　　3. 教师指导学生添加辅助线,给出完整的三角形内角和定理的证明过程。

　　4. 分组探究,成果展示。

教师指导学生进行全班交流:(1) 借助实物投影仪,将学生找到的添加辅助线的方法进行汇总展示。

　　(2) 在展示过程中,关注学生的表达及其找到的添加辅助线的方法,若有不全的,教师进行必要的提示。

　　(3) 引导学生将辅助线添加在三角形的顶部、边上及三角形内、外部均可(图5)。然后,进一步引导学生比较哪种添加方法最好。

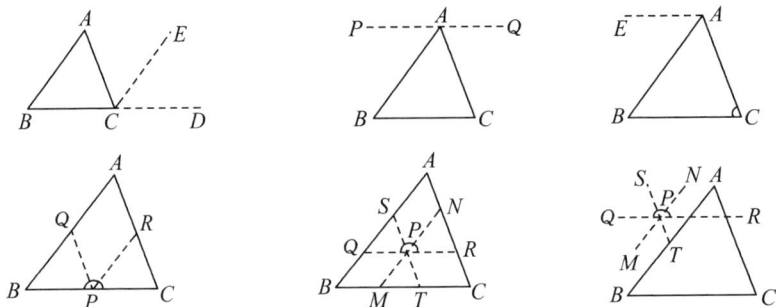

图 5

设 计 意 图

1. 让学生进一步了解三角形内角和定理的证明思路,并且了解一题的多种证法,从而拓宽学生的思路。

2. 这里是本节课的一个重点,教师在这里要交代:① 什么是辅助线,添加时要用虚线画出;② 辅助线是怎么来的要在证明开始时交代清楚,后添加的字母要在证明开始前交代清楚;③ 规范书写格式是自上而下;④ 有条理地表达上面的分析思路,有一个严密的逻辑思维过程。

3. 三角形内角和的证明实质是利用化归思想将三角形内角和转化为"平角等于180°"或"两直线平行同旁内角和等于180°",这一点应向学生交代清楚。

4. 给学生充分的自我展示的机会,尽量发现更多的添加辅助线的方法。

总结证明三角形内角和的思路。

生:为了证明三角形的内角和是180°,需要把它转化成一个平角或同旁内角互补的形式。

师:体现了我们在数学中常用的转化思想。

设 计 意 图

俗话说,"有始有终",最后的总结有画龙点睛的作用,让学生体会数学中的转化思想。

(四) 沙场练兵

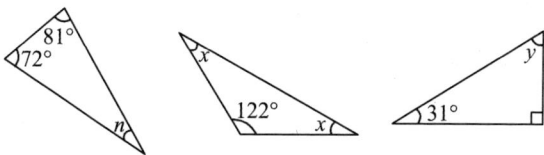

图 6

1. 求图 6 中:$n=$ _____;$x=$ _____;$y=$ _____。

2. 判断:(1) 三角形中最大的角是70°,那么这个三角形是锐角三角形。

(   )

(2) 一个三角形中最多只有一个钝角或直角。(   )

(3) 任意一个三角形中,最大的一个角的度数至少为60°。(   )

3. (1) 若∠A=40°,∠B=∠C,求∠B。

(2) 在△ABC中，∠A＝40°，∠A＝2∠B，则∠C＝_____。

4. 若∠A∶∠B∶∠C＝3∶2∶1，问△ABC是什么三角形？

5. 如图 7 所示，已知在△ABC中，DE∥BC，∠A＝60°，∠C＝70°，求∠ADE的度数。

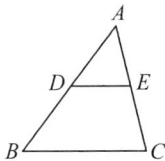

图 7

6. （中考链接）(2014·邵阳中考)如图8所示，在△ABC中，∠B＝46°，∠C＝54°，AD平分∠BAC，交 BC 于 D，DE∥AB，交 AC 于 E，求∠ADE的度数。

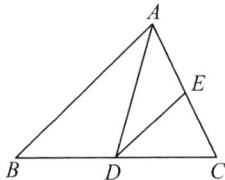

图 8

设 计 意 图

　　学以致用，通过练习检验学生对知识的掌握情况，同时在学生回答问题或解题的过程中发现学生存在的错误或不足并及时给予纠正，达到举一反三的效果。渗透方程的思想并总结出直角三角形两个锐角互余的性质。

（五）畅谈收获，反思升华

请想一想这节课有哪些收获和启发？

（六）课外作业

探究作业：总结三角形内角和的证明方法。

"从分数到分式"教学设计

一、教学目标

（一）知识与技能

1. 结合现实进一步理解用字母表示数的意义。

2. 掌握分式的概念、分式与整式的区别与联系、分数与分式之间的关系。

3. 总结分式有无意义的条件，理解事物之间的联系与制约关系。

（二）过程与方法

1. 从具体到抽象，从特殊到一般，体会类比的方法。

2. 能从具体情境中抽象出数量关系和变化规律。

（三）情感、态度与价值观

1. 类比分数学习分式，养成缜密的思维习惯，形成类比思想。

2. 结合现实，在已有数学经验基础上，了解数学的价值，增强"用数学"的信心。

二、教学分析

重难点：分式的概念以及分式有意义的条件。

三、教学过程

（一）情景引动，激趣导入

早发白帝城

李　白

朝辞白帝彩云间，

千里江陵一日还。

两岸猿声啼不住，

轻舟已过万重山。

江陵与白帝城之间有水路和陆路两条线路可选，其中水路（指长江）路程是

514 千米,陆路路程是 S 千米。

(1)若李白选择乘船走水路,由白帝城到江陵用时 16 小时,则速度是 _____千米/时;若李白返回时用了 t 小时,则返回时的速度为 _____千米/时。

(2)若李白选择乘船走水路,且船在静水中的速度为 30 千米/时,水流速度为 V 千米/时,则李白由白帝城顺流而下到江陵的速度为 _____千米/时,时间为 _____小时;由江陵逆流返回白帝城的速度为 _____千米/时,所用的时间是 _____小时。

(3)若李白选择走陆路,马车的速度是 a 千米/时,则李白走陆路由白帝城到江陵所用的时间是 _____小时。

(4)若李白走陆路步行由江陵返回白帝城用时 b 小时,则李白步行的速度是 _____千米/时。

设 计 意 图

以学生熟悉的唐诗《早发白帝城》导入,提出问题,调动学生学习的兴趣,让学生感受到生活处处皆数学,同时体现了学科之间的联系。四个问题采用先个人独立思考后小组合作的方式进行解决,进一步培养学生分析问题、解决问题的能力和小组合作的意识,同时让学生体会从分数到分式的过程,初步认识它们之间的关系,为学习分式定义以及分式与分数的区别奠定了基础。

(二)方法引动,明晰概念

对下面的式子进行分类:

$$\frac{257}{8}, \frac{514}{t}, 30+v, \frac{514}{30+v}, 30-v, \frac{514}{30-v}, \frac{s}{a}, \frac{s}{b}$$

一般地,如果 A、B 表示两个整式,并且 B 中含有字母,那么式子 $\frac{A}{B}$ 叫作分式。A 称为分式的分子,B 称为分式的分母。

特别提醒:

(1)分式也是代数式;

(2)分式是两个整式的商,分式的分子 A 可以含字母,也可以不含字母,B 中必须含有字母。

设 计 意 图

　　对问题导入环节得出的几个式子进行分类,复习单项式、多项式、整式的定义,通过观察引出分式的定义,培养学生的观察能力、总结概括的能力,掌握整式与分式的区别,使学生对分式的认识更加深刻。

例1:下列各式哪些是整式?哪些是分式?

$$5x-7, \frac{a+b}{3}, 1+\frac{1}{a}, 3x^2-1, \frac{b-3}{2a+1}, -5, \frac{x^2-xy+y^2}{2x-1}, \frac{2}{7}, \frac{4}{5b+c}, \frac{3}{\pi}$$

例2:请你写出两个式子,让同桌判断是整式还是分式。

归纳:

1. 判断时,注意含有 π 的式子,π 是常数。

2. 式子中含有多项时,若其中有一项分母含有字母,则该式也为分式。

设 计 意 图

　　两个例题是对分式定义的及时巩固,使学生进一步明晰了整式与分式的区别。例2开拓了学生的思维,丰富了学生的想象力,有利于培养学生的创新能力,挖掘学生的创造潜能,开发学生的智力。编题也是一种培养学生创造性思维的教学手段。

思考1:分式与整式的区别是什么?

思考2:分式与分数在形式上有什么异同点?

设 计 意 图

　　思考1、思考2是对以上所学知识的总结,使学生更加清楚地知道判断整式与分式的关键点是看分母有无字母,从而概括出整式与分式的异同点,形成完整的知识体系。美国数学家波利亚曾说,如果没有相似的推理,那么无论是在初等数学还是在高等数学中,甚至在其他任何领域中,本来可以发现的东西,也可能无从发现。本节课的很多知识点是类比分数进行学习的,因此有必要让学生进一步分析分数与分式之间的关系,让学生进一步体会从特殊到一般、从具体到抽象的数学思想,也为后面的学习做好铺垫。

　　(三)目标引动,类比探究

　　1. 分数在什么条件下有意义?

2. 分式 $\dfrac{A}{B}$ 在什么条件下有意义？在什么条件下无意义？

例：下列分式中的字母满足什么条件时分式有意义？

(1) $\dfrac{2}{3x}$　(2) $\dfrac{x}{x-1}$　(3) $\dfrac{x+y}{x-y}$　(4) $\dfrac{1}{5-3b}$　(5) $\dfrac{5}{|x|-1}$　(6) $\dfrac{x}{x^2+1}$

思考 3：当 $\dfrac{A}{B}=0$ 时，分子和分母应满足什么条件？

1. 分式 $\dfrac{A}{B}$ 有无意义的条件：当 $B=0$ 时，分式 $\dfrac{A}{B}$ 无意义。

当 $B\neq0$ 时，分式 $\dfrac{A}{B}$ 有意义。

2. 当 $\dfrac{A}{B}=0$ 时分子和分母应满足什么条件？当 $A=0$ 且 $B\neq0$ 时，$\dfrac{A}{B}$ 分式的值为零。

（四）过程引动，活学活用

1. 已知分式：$\dfrac{a^2-9}{a+3}$

(1) 当 a 取何值时，分式无意义？

(2) 当 a 取何值时，分式有意义？

(3) 当 a 取何值，分式值为 0？

2. 已知 $x=-4$ 时，分式 $\dfrac{x-b}{x+a}$ 无意义，$x=2$ 时，此分式值为 0，求 $a-b$ 的值。

（五）中考引动，深入感知

1.（东阳·中考）使 $\dfrac{x}{2x-1}$ 分式有意义，则 x 的取值范围是_____。

2.（枣庄·中考）若 $\dfrac{|x|-3}{(x-3)^2}$ 的值为 0，则 $x=$_____。

设 计 意 图

　　第四部分第一题是对知识点的巩固练习，进一步检测学生的掌握情况，培养了学生运用新知解决问题的能力。第二题是分式有无意义以及分式值为零的变式训练，培养了学生对数学知识灵活运用的技能，对本节课学习的知识起到举一反三的作用，帮助学生多角度理解知识，掌握数学定理，归纳数学思想，使学生从"知识型"向"智力型"转换，实现了真正意义上的学习，真正提升了学生的数学素养。第五部分中考链接题目的设计，让学生清楚地知道本节课的内容在中考中是以怎样的形式呈现的。

（六）知识引动，当堂检测

1. 下列式子是分式的是（ ）。

A. $\dfrac{x}{2}$ B. $\dfrac{x}{x+1}$ C. $\dfrac{x}{2}+y$ D. $\dfrac{x}{\pi}$

2. 若分式 $\dfrac{x^2-1}{x-1}$ 的值为 0，则 x 的值为（ ）。

3. 当 $x=$ _____ 时，分式 $\dfrac{x+1}{x-1}$ 没有意义。

设 计 意 图

    通过当堂检测学生能够发现自身在本节知识学习过程中存在的问题，并及时纠正。当堂检测是一种促进发展式的评价，有利于教师了解学生掌握情况，为下一步教学提供依据。

（七）评价引动，分享交流

本节的主要内容即一个概念、三个条件、三个思想。

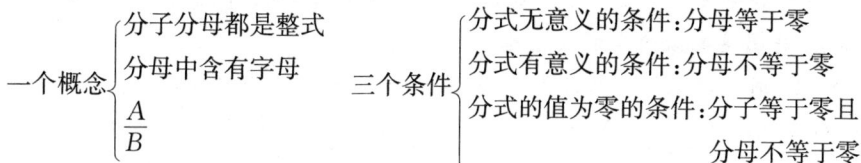

一个概念 $\begin{cases} 分子分母都是整式 \\ 分母中含有字母 \\ \dfrac{A}{B} \end{cases}$ 三个条件 $\begin{cases} 分式无意义的条件：分母等于零 \\ 分式有意义的条件：分母不等于零 \\ 分式的值为零的条件：分子等于零且 \\ \qquad\qquad\qquad\quad 分母不等于零 \end{cases}$

三个思想：类比、特殊到一般、具体到抽象。

设 计 意 图

    学生通过自己总结，对本节课的知识重新进行梳理。通过知识框架形式的总结，学生对本节知识有了系统的认识，形成了知识网络。

"图形的旋转"教学设计

一、教学目标

（一）知识与技能

1. 了解图形旋转的有关概念并理解其基本性质。

2. 会利用旋转的概念和性质解决相关的数学问题。

（二）过程与方法

1. 让学生感受生活中的几何，通过不同的情景设计归纳出与图形旋转有关概念，并用这些概念来解决问题。

2. 通过动手操作归纳出"对应点到旋转中心的距离相等，对应点与旋转中心所连线段的夹角等于旋转角，旋转前后的图形全等"等重要性质，并运用其解决实际问题。

（三）情感、态度与价值观

探索图形旋转的基本性质，进一步发展学生的空间观察能力，增强其审美意识，让学生通过独立思考、自主探究和合作交流进一步体会旋转的数学内涵，获得知识，体验成功，享受学习的乐趣。让学生应用所学的知识设计图案，以激发学习热情，提升核心素养。

二、教学分析

教学重点：旋转的概念、性质及其应用。

教学难点：从现实数学案例中抽象出旋转角的概念。

三、教学过程

（一）重拾旧知，开启新知

让学生独立自主地完成导学案"复习引入"的表格（表2）。

表2　复习导入

项目	平移	轴对称
图形		
定义	在同一平面内，将一个图形整体按照某个直线方向＿＿＿＿一定的距离，这样的图形运动叫作图形的＿＿＿＿运动。	把一个图形沿着某一条直线＿＿＿＿，如果它能够与另一个图形＿＿＿＿，那么就说这两个图形关于这条直线＿＿＿＿。
性质	平移前后图形＿＿＿＿，对应点的连线＿＿＿＿且＿＿＿＿（或在同一条直线上）。	（1）折叠前后两个图形＿＿＿＿。 （2）如果两个图形关于某条直线对称，那么对称轴是任何一对对应点所连线段的＿＿＿＿。

设 计 意 图

让学生通过表格的形式对已学两种图形的变换知识进行复习。表格呈现形式使知识更加系统，让学生更容易对比出两者之间的区别与联系。培养了学生的总结归纳能力。

（二）自主预习，展现自我

学生自主预习课本，完成导学案（一）"旋转"及其有关概念。

1. 把一个＿＿＿＿绕着＿＿＿＿某一点＿＿＿＿，就叫作图形的旋转，这一个点叫＿＿＿＿，转动的角叫＿＿＿＿。如果图9上的点 B 经过旋转后变为 B'，那么这两个点叫作这个旋转的＿＿＿＿。

2. 图形的旋转主要是由＿＿＿＿、＿＿＿＿和＿＿＿＿三个要素决定的，并且旋转中心在旋转过程中保持不变。

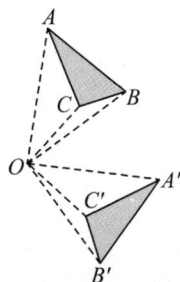

图9

3. 旋转中心可以在图形外,也可以在图形_____或图形_____。

4. 找出生活中旋转的实例。

5. 怎样确定旋转角?

设 计 意 图

　　本环节培养了学生自主学习、合作交流、发现问题、解决问题的能力,很好地抓住了问题的生长点。先研究生活中的旋转然后抽象到三角形的旋转,采用循序渐进的方式使学生在轻松愉悦的氛围中牢固地掌握了知识点。几何画板的引入使问题更加形象直观,对难点的突破起到了重要作用。

(三)大胆猜想,相信自己

1. 如图 10 所示,△$A'B'C'$是由△ABC绕着点 O 旋转得到的。在旋转的过程中,又产生了哪些相等的线段和角?并进行验证。

2. 通过几何画板演示三角形旋转的过程,除去旋转前、后两个三角形全等得到相等的线段和角之外,又产生了哪些相等的线段和角。

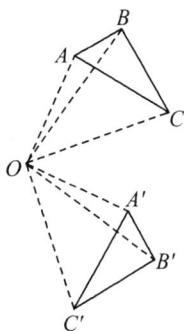
图 10

设 计 意 图

　　牛顿说过,没有大胆的猜想,就没有伟大的发现。本环节培养了学生的创造性思维和独立思考的能力,同时激发了学生的学习热情和内驱力,使学生的思维更加活跃。猜想的过程既能使学生更好地获取知识、提高自信心,也能促使他们主动探索,使创新素养得以发展。

(四)和谐互助,共同成长

1. 对猜想进行验证并总结旋转的性质。

2. 学生小组合作完成实验报告单,探究旋转的性质。

《实验报告单》_____组

活动：动手操作，实验测量，验证猜想。

1. 测量对应点到旋转中心的距离。

线段	OA	OA′	OB	OB′	OC	OC′
长度(cm)						

结论一：_____。

2. 测量对应点与旋转中心的连线所成的角。

旋转角	∠AOA′	∠BOB′	∠COC′
度数			

结论二：_____。

教师总结旋转的性质：

1. 对应点到旋转中心的距离相等。

2. 对应点与旋转中心所连线段的夹角等于旋转角，都相等。

3. 旋转前、后图形全等。

设 计 意 图

荷兰数学家教育家弗赖登塔尔说，真正的数学家常常凭借数学的直觉思维做出各种猜想，然后加以证实。实验报告单的形式使得学生的任务、验证的方法更加明确、直观，学生更容易通过观察得到结论。

（五）学以致用，及时反馈

1. 下列物体的运动不是旋转的是（   ）。

A. 坐在摩天轮里的小朋友

B. 正在走动的时针

C. 骑自行车的人

D. 正在转动的风车叶片

2. 如图 11 所示，将△ABC 按逆时针方向旋转 45°，得△AEF。

（1）旋转中心是_____点。

（2）旋转角∠EAB＝_____。

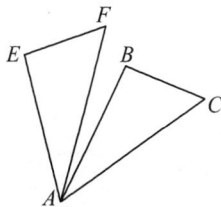

图 11

（3）$AB=$ _____，$AC=$ _____。

3. 如图 12 所示，将 $\triangle ABC$ 绕 C 点逆时针旋转 $30°$ 后，点 B 落在 B'，点 A 落在 A' 点位置，若 $A'C\perp AB$，求 $\angle B'A'C$ 的度数。

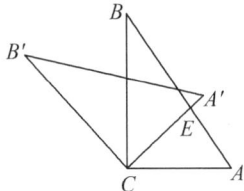

图 12

4. （中考链接）（2016·四川宜宾）如图 13 所示，在 $\triangle ABC$ 中，$\angle C=90°$，$AC=4$，$BC=3$，将 $\triangle ABC$ 绕点 A 逆时针旋转，使点 C 落在线段 AB 上的点 E 处，点 B 落在点 D 处，则 B、D 两点之间的距离是多少？

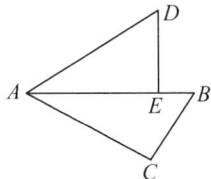

图 13

5. （变式训练）如图 14 所示，已知 $\triangle ADE$ 是格点三角形，$\angle ADE=90°$，$AD=4$。

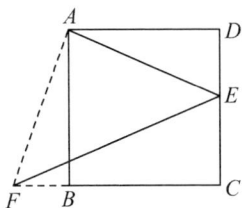

图 14

（1）请以点 A 为旋转中心，将 $\triangle ADE$ 顺时针旋转 $90°$，得 $\triangle ABF$，使得点 D 的对应点是点 B。

（2）连接 EF，则 $\triangle AEF$ 的形状是 _____。

（3）延长 FB、DE 交于点 C，求四边形 $AFCE$ 的面积。

设计意图

前三道练习题是基础题,帮助学生更好地巩固本节课的知识。第四题作为本节课例题,让学生进行板演,师生共同订正,规范做题步骤。变式训练对课本例题进行改编然后进行了变式。练习题的设计难度层层递进,满足了不同层次学生的需求。根据初三学生的特点将往年中考题作为本节课的例题,让学生清楚地知道本节课的内容在中考中是怎样呈现的。变式训练使学生将本节课学习的知识举一反三,帮助学生多角度理解解题方法,掌握数学定理,归纳数学思想,使学生从"知识型"向"智力型"转换,实现了真正意义上的学习,真正提升了学生的数学素养。

(六)归纳小结,知识升华

完成导学案"归纳小结"部分(表3)。

表3 归纳小结

项目	平移	轴对称	旋转
图形			
定义	在同一平面内,将一个图形整体按照某个直线方向_____一定的距离,这样的图形运动叫作图形的_____运动。	把一个图形沿着某一条直线_____,如果它能够与另一个图形_____,那么就说这两个图形关于这条直线_____。	
性质	平移前后图形_____,对应点的连线_____且_____(或在同一条直线上)。	(1)折叠前后两个图形_____。 (2)如果两个图形关于某条直线对称,那么对称轴是任何一对对应点所连线段的_____。	

设 计 意 图

　　小结采用完善表格的形式呈现,与开始的"复习引入"前后呼应,使得知识更加系统,形成一个整体,更加便于学生对比、掌握,以融会贯通。整个初中阶段还需要学习另一种图形变换,即相似,在此处也可给学生留白,激发学生的学习兴趣,学习完相似可将表格进一步完善。

（七）当堂检测

学生完成导学案"当堂检测"部分。

1. 如图 15 所示,在等腰直角 $\triangle ABC$ 中,$\angle B=90°$,将 $\triangle ABC$ 绕顶点 A 逆时针方向旋转 $60°$ 后得到 $\triangle AB'C'$,则 $\angle BAC'=$ _____°。

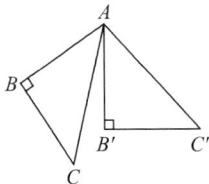

图 15

2. 如图 16 所示,在正方形 $ABCD$ 中,若 $\triangle BCP$ 旋转后能与 $\triangle BAG$ 重合,那么:

（1）旋转中心是点_____。

（2）旋转角为_____。

（3）如果连接 PG,那么 $\triangle BPG$ 的形状是_____。

（4）若 $BP=1$,则 $GP=$ _____。

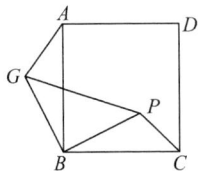

图 16

设 计 意 图

　　通过当堂检测,学生能够发现本节知识学习过程中存在的问题,可及时纠正。当堂检测是一种促进发展式的评价,有利于教师了解学生对知识的掌握情况,为下一步教学提供依据。

（八）作业

1. 完成配套练习。

2. 搜集近三年山东省中考题中关于旋转的试题。

3. 根据本节课内容以"我为党的十九大添光彩"为主题做一份手抄报。

设 计 意 图

　　第一题是基础训练题,是对本节课学习知识的进一步巩固。第二题针对初三学生的特点搜集近三年山东中考题中关于旋转的试题,便于学生了解本部分知识在中考中的地位,为备战中考做好准备。第三题以当时热点为题要求学生做一份手抄报,培养了学生的爱国热情,提升了学生的核心素养。

"一元二次方程"教学设计

一、教学目标

1. 理解一元二次方程的概念。

2. 掌握一元二次方程的一般形式,正确认识一次项系数、二次项系数及常数项。

3. 培养学生主动探究知识、自主学习和合作交流的意识。

4. 从实际问题中抽象出一元二次方程,培养学生的数学建模意识。

二、教学分析

重点:一元二次方程的概念及一般形式。

难点:从实际问题中抽象出一元二次方程,正确识别一般式中的项及系数。

三、教学过程

(一)类比预习,感受新知

课前学生自主预习(表4),小组长带领组员统一答案,有不同意见的在组内进行交流,教师巡视并进行指导。

表4 比较一元一次方程、二元一次方程、一元二次方程

方程	方程两边	未知数的个数	含未知数项最高次数	解的个数
一元一次方程				
二元一次方程				
一元二次方程				

1. 使得方程等号左右两边_____的未知数的_____叫方程的解。

2. 使一元二次方程左右两边_____的未知数的_____叫一元二次方程的解。

3. 一元二次方程的一般表达形式_____。二次项_____,二次项

系数_____;一次项_____,一次项系数_____;常数项_____。

设 计 意 图

　　预习的目的是让学生事先做到心中有数,同时培养学生的自学能力。课堂上,通过教师的知识传授,学生可以获得比较系统的知识,提升了数学素养。本节课是概念课,通过复习已有的知识,很容易类比得出概念,可根据学生自己能够看懂的让学生自己去学的原则设计本环节。

(二) 合作交流,探究新知

1. 下列哪些方程是关于 x 的一元二次方程。

(1) $x^2+x=1$　　(2) $x^2=1$　　(3) $x^2-3x+2y=0$

(4) $x^2-3=(x-1)(x+2)$　　(5) $ax^2+bx+c=0$

(6) $2x(x-2)+x-2=0$　　(7) $\dfrac{1}{x^2}+1=0$　　(8) $\dfrac{x}{2}+1=\dfrac{1}{3}$

学生先独立思考,然后回答,教师进行点拨。

归纳:判断一个方程是否为一元二次方程主要看以下几个方面。

(1) 等号左右两边是否都是整式。

(2) 是否只含有一个未知数。

(3) 未知数的最高次数是否是 2。

设 计 意 图

　　通过练习题的形式对学生课前预习情况进行检测,让学生对一元二次方程进一步加深了理解。让学生独立思考解决问题,培养了学生独立思考解决问题的能力。

---

2. 根据课前预习情况找出这几个方程的共同点。

(1) $x^2+x=1 \longrightarrow x^2+x-1=0$

(2) $x^2=1 \longrightarrow x^2-1=0$

(3) $2x(x-2)+x-2=0 \longrightarrow 2x^2-3x-2=0$

方程	二次项	二次项系数	一次项	一次项系数	常数项
$3x^2-x=1$					
$-4y^2+2y=0$					
$2x(x-1)=x+2$					

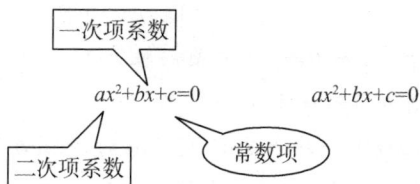

一般地,任何一个关于 x 的一元二次方程,经过整理,都可以化为_____的形式,我们把 $ax^2+bx+c=0(a,b,c$ 为常数,$a\neq 0)$ 称为一元二次方程的一般形式。

思考:为什么要限制 $a\neq 0$,b,c 可以为 0 吗?

3. 将方程 $3x(x-1)=5(x+2)$ 化成一元二次方程的一般形式,并写出其中的二次项系数、一次项系数及常数项。

反思:在确定二次项、二次项系数、一次项、一次项系数和常数项时需注意的问题是什么?

设计意图

以上环节设计得环环相扣,符合学生的认知发展规律。让学生学会自我查找问题并及时进行纠正,进一步认识数学的严谨性。

4. 学生类比方程的解得出一元二次方程的解,教师强调总结。

(1) 使一元二次方程_____的未知数的值,叫作一元二次方程的解,也叫作_____。

(2) 下面哪些数是方程 $x^2-x-6=0$ 的根?

$-4,-3,-2,-1,0,1,2,3,4$

设计意图

通过类比得出一元二次方程的解。例题采用代入法检验一个数是否为方程的根。本环节通过小组合作的方式进行,进一步培养了学生的合作意识。

(三)自主应用,巩固新知

1. 以下关于 x 的方程中一定是一元二次方程的是(　　)。

A. $ax^2+bx+c=0$　　　　　　　　B. $mx^2+x-m^2=0$

C. $(m+1)x^2=(m+1)^2$　　　　　D. $(m^2+1)x^2-m^2=0$

2. 方程 $(m-1)x^2+\sqrt{m}x+1=0$ 为关于 x 的一元二次方程,它的值为_____。

A. 任何实数　　　　　　　　　　B. $m\geqslant 0$

C. $m \neq 1$　　　　　　　　　　D. $m \geqslant 0$ 且 $m \neq 1$

3. 若一元二次方程 $ax^2 + bx + c = 0$ 有一根为 1,则 $a + b + c = $ _____。
变式:若 $a - b + c = 0$,则方程有一个根必为 _____。

4. (2014・黑龙江)现有一块长 8 m、宽 6 m 的矩形钢片,将它的四个角各剪去一个边长为 x m 的小正方形,做成一个底面积为 15 m² 的无盖的长方体盒子,根据题意列方程 _____,化成一般形式得 _____。

5. 若关于 $(k-3)x^{|k|-1} + 3x + 1 = 0$ 的方程,当 k 为何值时,此方程是一元二次方程?
变式:k 为何值时是一元一次方程?

设 计 意 图

通过各式各样的变式训练,加强对学生思维能力的训练,注重与实际生活的联系,注重一元二次方程与一元一次方程之间的关系。

(四) 自主总结,拓展新知
自主总结,形成思维导图(图 17)。

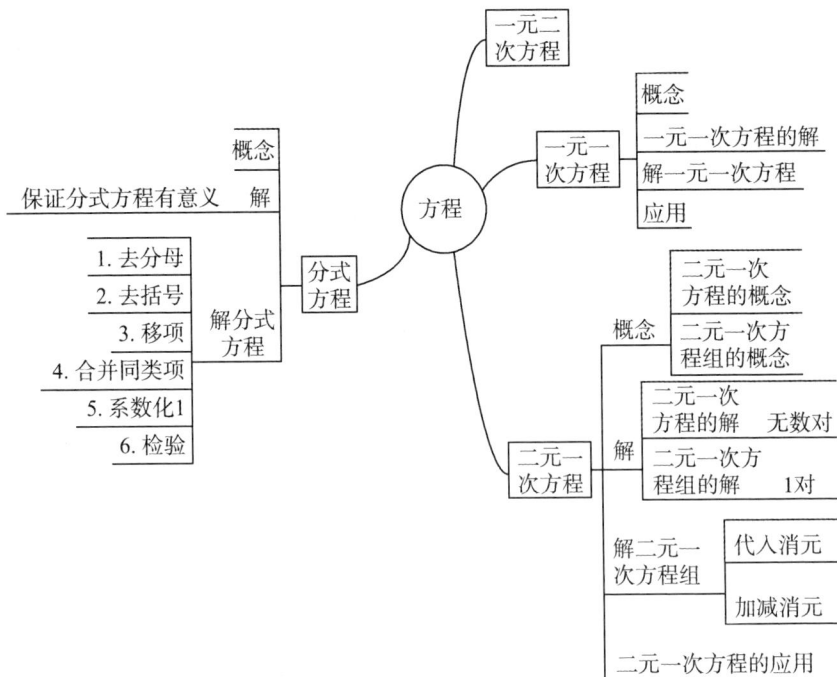

图 17　思维导图

设 计 意 图

学生通过自己总结,对本节课的知识进行梳理。通过思维导图形式的总结,学生对本章知识有了系统的认识,形成知识网络。

(五) 自我检查,信息反馈

1. 在下列方程中,一元二次方程的个数是(   )。

① $3x^2+7=0$ ② $ax^2+bx+c=0$ ③ $(x-2)(x+5)=x^2-1$ ④ $x^2=0$

A. 1 个   B. 2 个

C. 3 个   D. 4 个

2. 方程 $2x^2=3(x-6)$ 化为一般形式后二次项系数、一次项系数和常数项分别为(   )。

A. $2,3,-6$ B. $2,-3,18$

C. $2,-3,6$ D. $2,3,6$

3. 关于 x 的方程 $(m^2-4)x^2+mx-m=0$ 是一元二次方程的条件是(   )。

A. $m\neq 0$ B. $m\neq 2$

C. $m=-2$ D. $m\neq \pm 2$

4. 已知 m 是方程 $x^2-x-2=0$ 的根,则式子 m^2-m 的值是_____。

设 计 意 图

当堂检测让学生进一步查缺补漏,使教师能够及时了解学生对知识的掌握情况,以便为下一步的教学工作指明方向。

初中数学开展研究性学习的实验与探索

摘要:研究性学习,就是通过让学生经历类似于科学研究的学习活动,自主地掌握解决问题的方法,获得情感体验。研究性学习活动有利于培养学生的创新精神和实践能力,是实施素质教育的必然要求。

关键词:研究性学习;实验;探索

一、问题的提出

研究性学习是学生在教师指导下,从自然、社会和生活中选择和确定问题,以类似科学研究的方式主动地获取知识、应用知识、解决问题的学习活动。

我国的《基础教育课程改革纲要(试行)》将研究性学习列为小学至高中课程结构的重要组成部分,并在全国范围内开展实验。在研究性学习中,通过问题情境,学生独立、自主地发现问题,通过实验、操作、调查、信息搜集与处理、表达与交流等活动,经历探究过程,获得知识与能力,掌握解决问题的方法,获得情感体验。

研究性学习课程的设置,为学生培养探究的兴趣、养成创新的思维品质与提高研究能力提供了课时和课程保障。从学习目的看,研究性学习指向培养个性健全发展的人,它把"探究性""创造性""发现性"等视为人的本性。从学习内容看,研究性学习主张从学生的生活中选择问题,其内容面向学生的生活世界。

二、实验的理论依据

(一)主动学习原则

美国著名数学教育家波利亚指出,学习任何东西,最好的途径是自己去发现。为了有效地学习,学生应当在具体的实际问题情境下,尽量多地去学习知识、方法等具体内容。

（二）认知学习理论

研究性学习是建立在认知学习理论基础上的科学学习观,认为学习是积极、有意义的过程。从学生生理、心理特点来看,学生有探究和创造的潜能,研究性学习可激发学生学习的兴趣、动机以及求知欲。研究性学习重视运用科学的认知方式和策略,尊重学生学习的认知规律。研究性学习不仅注重问题的解决,还注重创造性与主体性人格的培养,并以此作为研究性学习的主要目的。

（三）多元智能理论

多元智能理论的创始人加德纳认为,每个学生都在不同程度上拥有九种智能。智能的不同组合表现出个体间的智能差异。学生的不同的智能只有在适当的环境中才能充分地展现出来。研究性学习使每个学生在自主探究、自主学习中得到不同程度的发展,这一理论为实施个性化教学创造了条件。

（四）合作学习理论

合作意识与创新能力是现代人才必备的素质,培养学生的合作意识与创新能力是学校教育的一项重要任务。研究性学习活动以小组为单位进行,要求本组学生互助合作、尝试探索,并以小组的总体成绩作为评价和奖励的依据,从而改变了班级成员间以竞争为主的交往方式,促进了组内成员的互助与合作。各小组成员必须视小组的成功为个人的成功,从而使每一个成员不但要掌握必备的知识,而且要关心和帮助组内的其他成员获得成功。

三、研究性学习的组织与实施

自 2001 年 9 月以来,笔者在初一实验班教学中尝试进行以单学科为主的研究性学习实验,实验活动采用小组合作研究学习形式。

（一）课题的产生

课题经过学生、教师共同讨论确定。一方面,根据研究性课程的目标和内容要求,考虑初一学生已有的知识结构、能力基础和年龄特点,尊重学生的爱好和个性;另一方面,结合地域特点和生活实际,并注意尽量和教材内容相衔接。

（二）成立研究小组

学生根据自己的爱好和特长,在教师、家长的指导下,自主选择短期课题,由浅入深地进行研究、探索,体验探究过程。在优势互补的基础上,本着自愿组合的原则,我们把一个班分为七个研究小组,每组六人。小组内民主推选出组长、副组长,组长负责小组成员的分工、与指导教师联系等工作。

（三）制定研究方案

研究课题确定后,教师为学生提供一定的参考书籍。学生阅读讨论,查阅资料,进行走访专门、座谈、参观考察等活动。在教师的帮助下,小组长负责组织可行性分析,对课题的初步设计进行讨论和论证,制定出详细的研究方案。小组在学习过程中不断修改方案,提炼研究课题。例如,"学会储蓄"实验课题的研究方案如下。

参观学习地点(县城内七个银行储蓄所):＿＿＿＿＿＿＿。

参观学习进程:

(1)会填写存款单、取款单,并将平时积攒的零用钱存到银行。

(2)根据现行利率计算定期储蓄的利息。

(3)向营业员学习了解家庭适用的最佳储蓄方式。

(4)向营业员学习了解银行经营运转的有关知识。

(5)学习营业员一丝不苟的工作态度。

(6)课余通过各种渠道搜集、整理有关储蓄与投资的知识。

研究方案的主要内容一般包括课题名称、课题组成员、研究的主要内容、课题研究的可行性分析、具体的实施步骤、课题的创新点、课题组成员分工及课题研究所需设施、场地和主要的参考资料等(表5)。

表5 研究性学习活动报告表

课题名称			
课题负责人		成员分工	
活动时间	月 日 星期	地点	
活动过程和结果			
本次活动取得的主要成果和收获:			
本次活动有哪些方面不如意？主要原因是什么？今后应如何避免？			
其他需要说明的问题:			

注:每次活动后由课题组负责人填写。

(四)选聘指导教师

研究课题确立以后,小组根据课题的主要研究内容,邀请校内外的老师、专家、家长做指导教师。指导教师主要负责讲解相关的专业理论知识,就研究的程序、方法等方面提出指导意见。例如,在进行"幸福水库东水西输的可行性研究"中,我们聘请了县水务局的两位工程师和幸福水库管委会主任作为指导教师。

(五)课题结题

每次研究性学习活动都要以组为单位提交研究活动情况报告,记录每次研究所做的工作,汇报研究思路、研究过程与研究取得的成果。教师对学生的研究成果进行初步的评定,不合格的应返回修改或继续研究。课题结题时以班级为单位进行汇报,由班长代表本班汇报研究的情况,总结收获得失,撰写研究报告。如初一五班学生提交了《幸福水库东水西输的可行性研究报告》如下。

幸福水库东水西输的可行性研究报告(部分)

[问题的提出] 阳信县城内的幸福水库引蓄黄河水,经水质处理后向居民供应饮用水,但西部、南部乡镇仍有30.33万人饮用沟塘污染水和不合格地下水。为此,县政府决定,实施全县"人畜饮水"工程,东水西输。

[研究目的] ① 使学生学会估算。② 了解净化处理水的主要流程。③ 让广大学生了解这项"民心工程",增强热爱家乡、关爱人民的责任感。

[研究地点与方式]

针对此课题,学生分组进行了调查研究。

1. 幸福水库小组:听取了张所长的情况介绍,对水库库容进行了估算。

2. 自来水公司小组:参观了自来水的水质处理流程,查阅了供水相关数据。

3. 县府办公室小组:听取了县政府办公室主任关于饮水工程的规划及进展情况。

[研究结果]

1. 水库容水量测算与调查。

学生通过实际测量估算:幸福水库基本呈长方形,南北长 1 000 m,东西宽900 m,内坡度 1：4.5,最大蓄水深度 4 m,库底平均年淤积 0.2 m,库容3 520 000 m³。

2. 用水量测算。

学生通过到自来水公司查看供水数据进而测算出:城区人均月用水1.86 m³,乡镇人均月用水 0.66 m³。

3. "饮水工程"的供需情况分析。

按现有人口数,城区年生活用水量＝1.86×12×48 400≈1 080 000 m³

东部乡镇年用水量＝0.66×12×90 100≈714 000 m³

东水西输后西部乡镇大约年需水量＝0.66×12×303 300≈2 400 000 m³

由此测算,实施"饮水工程",年需水量约为 4 200 000 m³。

4. 结论与建议。

幸福水库每年经几次蓄水,还有很大的闲置库容,东水西输完全是可行的。但是,近年来黄河的水源已严重不足,蓄水量有所减少,为此建议:

(1)确保库容不萎缩,及时清理蓄水口附近淤积。

教学教研篇

（2）提高自来水公司调节水的能力，改进水质处理技术。

（3）城区各单位加强管理，节约用水。城区居民人均用水量是农村的2.82倍，水资源浪费现象非常严重，建议有条件的单位实行"双水龙头"；饮用水开自来水，洗菜、洗衣服、洗澡、冲厕所用地下水，这样可以使宝贵的水资源得以有效利用。

四、效果分析

尽管我校开展研究性学习的实验目前还处于起步阶段，研究性课程却受到了学生的普遍欢迎。

（一）亲身体验研究过程

通过开展研究性学习，学生深入机关、企业、居委会听报告、查数据、做测算，通过自主参与类似于科学研究的学习活动，逐步形成敢于质疑、勤于动手、努力求知的积极态度，激发了探索、创新的欲望。我们编制了《研究性学习综合记录表》，对学生参加活动的情况及时做出评价，评价重视学生参与探索性实践活动获得的体验，重视学生在学习过程中的自我评价和自我改进。

（二）培养收集、分析信息的能力

研究性学习是一个开放的学习过程。学生围绕一个主题，通过广泛查阅资料、请教专家及去企业、工程现场参观、考察等，拓宽了视野，同时也培养了对各种信息进行选择、加工的能力。

（三）学会了交往与合作

合作的意识和能力是现代人所应具备的基本素质。研究性学习创设了有利于人际沟通与合作的教育环境，使学生学会交流和分享研究的信息、创意及成果，培养了合作的团队精神。在企业、工厂等的学习中，学生常常会遇到"冷面孔"，甚至有的人会以"行业秘密"为由对学生置之不理，但学生不卑不亢、落落大方，积极出点子、想办法，经过一番周折，终于达到了预期的学习目标。

（四）培养了科学态度和科学道德

在研究性学习的过程中，学生要认真、踏实地探究，实事求是地获得结论，养成了严谨、求实的科学态度和不断追求的进取精神，磨炼了不怕吃苦、勇于克服困难的意志品质。在研究中，几个小组长为了得到翔实的数据，几次往返于水库、自来水公司和水务部门，经多次测算才得出符合实际的结论；对政府有关部门得出的多项统计数据他们敢于置疑，敢于否定，并向其提出了修正建议。

（五）培养了社会责任心和使命感

在研究性学习的过程中，学生通过社会实践和调查研究，深入了解了科学对于自然、社会与人类的意义与价值，学会了关心国家和社会的进步，学会了关注人类与环境的和谐发展,形成了积极的人生态度。在进行"幸福水库东水西输的可行性研究"中,他们通过察看水库、参观水质处理厂才知道水库实行封闭式管理的必要性,每一次蓄水前都先进行水质化验,水质处理要经过多道工序。通过测算,得出城区居民用水量偏高的结论时,他们一致表示,要从自己做起,节约每一滴水。

　　(本文为笔者2002年9月参加山东省初中数学省级骨干教师培训期间写的课题报告)

山东省教育"十五"规划重点课题"自主学习与创新意识培养
数学教学模式的研究"实验学校报告

自主学习的条件及教学策略

2000 年,我校开始了"自主学习与创新意识培养数学教学模式"实验。在县教研室和校领导的大力支持下,我校成立了以李明利校长为组长、全体数学教师参加的课堂教学模式实验小组;在市、县教研室的指导下,制定了数学课堂教学模式实验的具体实施方案。

我们首先学习了现代教育教学理论和新的课程标准,并对教育教学相关期刊的有关文章进行了系统的学习,特别学习了关于中学生心理方面的研究文献。在学习的过程中,我们边学习、边讨论,并且做好笔记,为"自主学习与创新意识培养数学教学模式"实验做好理论准备。学生的自主学习,是在老师的指导下,由学生自己阅读教材、独立思考、尝试练习完成的。对于吃惯现成"饭"的学生来说,让他们自主学习,多数学生会感到无从下手,不知道如何自主学习,为此,教师给学生创造了有利于他们自主学习的条件。

一方面,教师指导学生预习教材,在预习的基础上,让学生尝试做例题和练习题;另一方面,教师有目的地为学生提供一些有关数学学习、解题方法和解题技巧方面的小文章,供学生阅读和学习。另外,教师还利用网络资源为学生提供一些自主学习的条件。

一、"自主学习与创新意识培养数学教学模式"的实施过程

(一)"自主学习与创新意识培养数学教学模式"

"自主学习与创新意识培养数学教学模式"如图 18 所示。

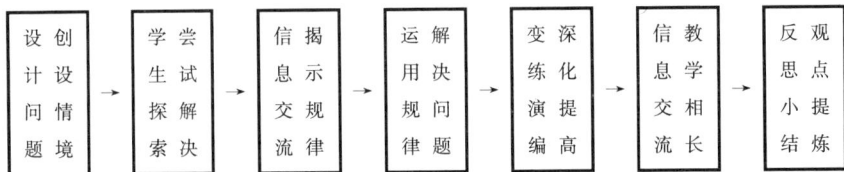

图 18 "自主学习与创新意识培养数学教学模式"图

（二）操作说明

（1）设计问题、创设情境。开始上课时，教师可以指导学生预习课文，让学生仔细研读，根据课文内容自己提出问题，自己解答。凡是学生提出的问题，教师就不要再提出了。教师可根据教材的特点，找准知识的生长点，精心设计问题。根据不同的教学内容，教师设计的问题可以是学生利用（或类比）已学过的知识虽不能完全解决但可以找到解决方法的，或引起认知冲突的问题。

思维由问题开始，问题既是思维的起点，又是思维的动力。设计问题、创设情境，为充分发挥学生的主体作用创造了条件，使他们努力克服思维障碍，主动学习。设计问题、创设情境要贯穿课堂教学的始终，使课堂教学在不断提出问题和解决问题的过程中顺利完成教学目标，培养了学生的创新意识。设计的问题要具有启发性、探索性和开放性，即不能设计成一问一答的简易交流，也不能设计成按部就班的程序作业。

（2）学生探索、尝试解决。这一环节中最重要的是充分发挥学生的主动性，引导学生运用实验、观察、分析、综合、归纳、概括、类比、猜想等方法去研究、去探索，使其在讨论、交流和研究中发现新问题、新知识、新方法，逐步解决问题。同时，教师作为参与者，应主动加入学生的讨论、交流，作为指导者要对学生的讨论、交流起促进和调节作用，使问题不断深入。这一过程是学生主动建构、积极参与的过程，是他们真正学会"教学的思维"的过程，也是其个性、心理品质得到磨砺的过程。

在学生探索过程中，教师要十分注意发展学生思维的开放性和创造性，鼓励学生根据自己的知识经验，用自己的思维方式，自由地、开放地去探索、去发现、去创造，并对学生的创新思维、创新成果给予充分的肯定。这个过程正是学生创新的过程、自主发展的过程。

（3）信息交流、揭示规律。教师引导学生归纳、总结出有关的知识、规律等（反馈的形式可以是提问，也可以是板演，但必须以全体学生都参与思考为前提），然后教师通过必要的讲解，进一步阐释这些结论，并揭示这些结论在整个知识结构中的地位和作用，使学生在知识系统中理解知识。在这一环节中，教师针对学生的回答要有明确的表态——"对"还是"不对"。即使学生的回答是正确的，教师也应该完整地复述一遍规范的答案，不要用学生的回答代替教师应做的工作，而且一定要追问为什么、其他同学有无不同看法、有无其他解法等。学生常常会迸发出创造性的火花，教师要特别注意发现并加以呵护。要鼓励学生大胆发言，逐步实现两个转变：变由教师提问为学生主动发问，变由教师点名回答（板演）为学生主动回答（板演）。

（4）运用规律、解决问题。知识、规律必须要加以应用才能牢固掌握。学生对数学概念、公式、定理等的学习，一般要通过练习相应的题目才能掌握。这一环节中，教师应紧紧围绕教学目标，坚持面向全体学生，精心选择2～3个难易适中的典型问题，引导学生尽可能独立地思考、分析、探索问题，从中体会基础知识、基本方法的应用。可通过提问，如有可能最好有目的地让2～3名学生板演反馈信息；然后，教师针对学生存在的问题，进行示范性讲解。教师的讲解分析，要重联系、重转化、重本质，概括提炼规律，由例及类，教给学生分析问题、解决问题的方法。

（5）变练演编、深化提高。变练是指教师通过对概念、图形、题目等进行多角度、全方位的变化、引申，编制形式多样（最好是具有探索性、开放性）的问题，让学生讨论、交流、解答，以加深学生对问题的理解，培养学生的创新意识；演编是指学生在对知识、问题有较深的理解的基础上，自己模仿或创造性地编拟数学（变式）题，供全班同学研究和解答。要改变编题是教师和命题专家的专利的错误认识，把此权利交给学生。这样不但能极大地调动学生的积极性、求知欲，而且有利于学生综合各方面知识创造性地思考，从而真正提高学生的解题能力。

（6）信息交流、教学相长。师生共同学习，共同提高。

（7）反思小结、观点提炼。通过前面六个环节的努力，学生已对本节课所讲的内容有了较深刻和较全面的理解和掌握，教师应引导学生进行反思，对知识进行整理，对规律进行总结，对思想方法进行提炼，形成观点。这一环节要求尽量让学生进行自我总结、自我评价，并对评价进行再评价，让学生做的、说的尽可能多些，使学生之间相互补充、完善、提高。此环节中，教师主要起启发、引导作用，切记不要把教师的认识强加给学生，不要把事情做"满"。

二、指导学生自主学习

在学习新知识时，教师要创设情境，引出学习目标和导学提纲，唤起学生的求知欲望。这里要求学生做到以下几点。

（1）初步了解教材的基本内容。

（2）复习回忆有关的旧知识，并和新知识相联系。

（3）找出教材中的重点内容和自己不理解的问题，并在教材上做好标记。

（4）在教材中勾画出定义、定理、公式等表述中的关键词语。

（5）对例题要先拟定解题方案或试做例题，了解思维过程，再看答案；对定理和公式也要试证，了解思维过程，再看教材的推导过程。

（6）尝试做课后练习和对应的习题，可根据自己的实际情况选择习题。

（7）做好预习笔记，用问题的形式把所学的新知识表现出来。

（8）结合例题和练习题，自己编写自测题。

（9）同学之间可以合作，可以交换做编写的自测题。

在学生自己学习的过程中，教师要巡回指导，适时回答学生提出的疑问，尤其要关照学困生；教师还要注意搜集学生在自主学习和讨论过程中的焦点问题以及疑难问题，为讲授新知识做好准备。

三、"主动学习与创新意识培养数学教学模式"的教学原则

课堂教学原则的确定，对于正确运用"主动学习与创新意识培养数学教学模式"具有重要意义。根据数学学科的特点和学生的认识规律，运用"主动学习与创新意识培养数学教学模式"，除了要遵循一般的教学原则外，还必须遵循以下几条原则。

（一）主体性原则

教育要在尊重学生主体性的基础上，唤醒、激发学生的主体意识，培养学生的能力，才会使学生实现由自在主体向自由主体的转变，丰富、和谐的主体性才有形成之可能。

"主体参与"是现代教学论关注的核心要素。学生的学习过程是一个特殊的过程，其主体是学生，教学效果要体现在学生身上。教师要设计带有启发性、探索性、开放性的问题，通过回答、板演等多种形式调动学生学习思考的主动性和积极性（参与的应是全体学生）。在准备、实施课堂教学的各个环节中，教师有时是编剧，有时是导演，有时是观众；学生不仅是演员、观众，还是修订、补充剧本的编剧。教师要提出问题让学生想，设计题目让学生做，错误原因让学生说，方法与规律让学生归纳。教师的作用在于组织、点拨、引导，促进学生主动探索、积极思考、大胆想象，培养学生的创新意识和敢想、敢说、敢做、敢冒险、敢标新立异的精神，使学生真正成为课堂教学的主人，让学生在动脑、动口、动手的活动中获取知识、发展智力、培养能力。

（二）换位思考原则

教师在课堂上讲什么当然是重要的，然而学生想的是什么却更重要。教师要想与学生的思维"同频"，从而使学生的知识与能力和谐地发展，就必须站在学生的角度去审视将要学习或正在学习的内容，即想学生之所想，想学生之所难，想学生之所疑，想学生之所错，想学生之所忘，想学生之所乐。

（三）留出空白原则

空白是书画艺术的一种表现手法。一幅字画如果一点空白不留很难称得上是好的艺术作品。数学教学也是一样，如果一味追求讲深、讲透、讲细、讲全，将要讲授的新知识一下子全盘托出，这种教学看似很全面、很紧凑、无漏洞、容量

大,但会造成"学生上课听得懂,课下不会解题"。原因是学生的思维空间被教师占用,学生只是被动听讲,不能真正理解知识,将其纳入自己的知识结构。所以,在教学中,恰当地留给学生思维的空间,延迟判断,让学生思、让学生说、让学生做是十分重要的。教师要在引入新课时,创设空白;在传授知识时,创设空白;在解题时,创设空白;在思维障碍处,创设空白;在挖掘隐含条件时,创设空白;在探索规律时,创设空白;在解题后,创设空白。要变讲深、讲透为教师吃深、吃透和学生悟深、悟透。

(四)开放性原则

20世纪70年代日本数学教育家岛田茂等提出的"开放性问题"在国际数学教育界引起广泛的注意。开放性原则,一方面是指课堂教学形式上的开放性,变"一言堂"为"群言堂";另一方面是指课堂教学中设计的问题要具有开放性,即只给出问题的条件,要求解题者自行探索;只给出结论,要求解题者自行研究结论成立应具备的条件;对已知条件进行某种增删,要求解题者自行归结出原先给定的结论和相应的变化;对已给的结论进行某种改变,要求解题者自行推断原先给定的条件的相应变化。这样做有利于调动学生的探索热情,激发学生的求知欲和创新意识,同时也有助于培养学生的发散思维能力。

(五)反思原则

美国教育家加罗弗认为,反思是智能发展的高层次表现。一方面,当解决一个数学问题(或引入一个概念、公式、定理)似乎大功告成之时,教师应当引导学生对上述过程进行回顾反思:结果可信吗?计算有无错误?推理是否严密?有无疏漏?哪些事情忘记做了?有什么规律?这告诉我们,教师在引导学生研究问题和解决问题的过程中,不要过多注意细枝末节(学生注意到的除外),等问题彻底解决之后,再回过头来看是否存在问题。即由粗到细,先从整体上理解和把握问题的实质,再通过反思提高思维的严密性。

(六)应用性原则

时代需要数学,数学需要应用,应用需要数学。"人人学习有价值的数学"是当前数学课改的基本理念。因此,数学教学必须培养学生"能把相关学科、生产和日常生活中的实际问题抽象成数学问题,运用数学知识、技能去分析和解决它们"。在运用"自主学习与创新能力培养数学教学模式"的实践中,我们总结出提高课堂教学质量和效益的"十二多、十二少":多开放,少封闭;多启发,少注入;多空白,少代替;多联系,少单一;多粗放,少细枝;多直接,少迂回;多主动,少被动;多板演,少板书;多类比,少孤立;多直观,少抽象;多延伸,少局限;多循环,少到位。

四、实验措施

为了保证实验过程的顺利进行,课题小组所有成员既有明确的分工,又有共同的合作。具体实验措施如下。

(1)加强对现代教育教学理论、心理学等文献的学习。

(2)集体备课,共同研究学生,共同研究教学内容,根据教学内容精心设计每一个问题,努力创造一个有利于学生创新的教学环境。

(3)定期召开座谈会,充分了解学生的心理状况和学习、生活情况,采取措施使课堂改革不断深化。

(4)定期召开研讨会。课题小组成员定期召开研讨会总结工作,对成功之处给予肯定,对遇到的问题共同探究解决的方法和策略。

(5)总结。每学期结束时,课题小组成员把一学期的教育教学工作写成书面材料,以备后用。

五、成绩对比表

最终实验结果表明,实验班学习成绩明显好于对照班(表6、表7)。从标准差来看,实验班明显低于对照班(标准差越小,其离散程度越小,平均数代表性越好),说明该实验能缩小学生成绩的两极分化,有利于大面积提高教学质量。

表6　初一年级数学成绩统计

时间	班级	人数	平均分	标准差
上学期期末	实验班	165	72.30	6.3
	对照班	168	76.22	5.9
下学期期末	实验班	165	89.23	4.16
	对照班	168	78.42	5.82

表7　初二年级数学成绩统计

时间	班级	人数	平均分	标准差
上学期期末	实验班	162	71.2	7.2
	对照班	160	73.0	6.2
下学期期末	实验班	162	89.65	5.12
	对照班	160	74.3	6.7

"自主学习与创新意识培养数学教学模式"的实施,能够充分调动学生学习的积极性。在课堂上,动手实践、自主探索、合作交流是学生学习数学的主要方式,学生真正成为数学学习的主人,教师则成为数学学习的组织者、引导者与合

作者。"自主学习与创新意识培养数学教学模式"的实施,培养了学生的学习能力、探究能力、创新能力;提高了学生的推理能力、抽象思维能力、想象力、创造力与合作能力。但这种教学模式也加大了教师的工作强度和难度,特别是备课的难度;在课堂上,学生提出意想不到的问题的概率增加了,有时学生提出的问题,是教师没有想到的,这就增加了教师在课堂上组织教学的难度;但在很多时候,学生提出的问题具有创新性,解题思路新颖,使学生乐意投入数学学习中。

专业引领篇

陈言微语

媒体报道

专题报告

参训随笔

活动讲话

历尽艰辛成此景　而今迈步从头越

各位校长、各位班主任、各位老师：

2014年2月，我们命名表彰了阳信县首批21位"名校长""名班主任""名教师"，今天有三人因病、因事请假，所以共有18人进行述职。今天特意安排的述职场景，不邀领导，不请评委，就是想给大家搭建一个自然、宽松的互相交流、共同提升的平台。借此机会，我讲几句话。

一、学习与超越

今天这18位"名校长""名班主任""名教师"，以阳信县"名校长名班主任名教师"建设工程（简称"'三名'工程"）首批人选的责任担当，以与时俱进的学术勇气，以求实求效的工作作风汇报了近两年来在理论学习、实践方法、教育科研等方面的专业发展情况，给我们提供了一次专业思想受启发、师德修炼受教育的学习机会。他们无愧于"三名"称号，他们向全县教育系统递交了一份合格的答卷。通过述职，我们读出了他们立足本职、敬业爱岗的炽热情怀；读出了他们不断提升、超越自我的进取意识；读出了他们融入团队、示范引领的奉献精神；读出了他们天道酬勤、茅塞顿开的智慧闪光。希望聆听述职的各位人选仁者见仁、智者见智，学习、借鉴他们优秀的方法、思想。

本次培训还有一年就要结束，希望第二批"三名"工程人选珍惜每一天，把握专业成长的机会。江山代有才人出，一代新人胜旧人，组织大家来聆听述职，衷心希望你们能超越首批"三名"工程人选。我真诚地希望一年后的今天，在座的每一位在期末述职时能带给我们更多的惊喜。当然，我们也希望今天述职的"三名"工程人选继续保持昂扬的进取精神，永远做最好的自己，因为过去先进不等于现在先进，现在先进不等于以后仍然先进，在专业成长的道路上没有停靠点，只有续航站。

二、说明与补充

（1）关于"教育闪光点"工程。前段时间因为工作忙没来得及录制的视频可以再上传，毕竟好饭不怕晚。这几天我看了已上传的大部分视频，我会继续认真学习，力争读懂每个人的智慧"闪光点"。

（2）关于阳信县"一师一优课、一课一名师"活动。截至 2015 年 7 月 14 日，平台接收有效课例 204 节，如需再上传的请抓紧。待近期平台开通评课功能后，将进行客观、公正的评选。

（3）关于 2015 年教师远程研修。关于今年的研修，省里开了两次论证会，启动晚了一点，而且幼儿园、初中段集中研修安排在 8 月中下旬，高中、小学段安排在 11 月，暑期相对轻松，研修实施方案与表彰文件已起草好，晚些下发，保证暑期尽量少打扰领导、老师。"三名"工程人选中有 33 人作为省专家、市学科指导组成员、指导教师参加。希望大家根据岗位职责分工，扮演好各自的角色，在全员远程研修这一重点工作中发挥好示范引领作用。

（4）关于考核结果。这是由"三名"工程的宗旨决定的：一切为了教师的专业发展、全面发展，包含三维目标：能力强、视野宽、师德高。"让想发展的人有机会，让能发展的人有舞台，让发展好的人有地位"永远是"三名"工程追求的目标。至于考核结果，还是那句话——"只要你热爱生命，一切都在意料之中"。

三、祝福与祝愿

祝愿大家都能过一个充实而有意义的暑假。利用暑期，一是外出走走，刚涨了工资，"读万卷书不如行万里路"。二是陪伴家人，家庭是人生第一所学校，也是心灵的港湾。要多陪陪老人，尽尽孝；多陪陪孩子，尽尽责；多陪陪爱人，尽尽情。三是不忘学习充电，学习应成为习惯，要反思自身专业发展的短板，提前谋划下学年工作，真正蓄势而为，厚积薄发。

四、感谢与感慨

大家在述职报告中都对"三名"工程搭建的专业发展平台表示了感谢，其实我也应该感谢"三名"工程。

我应该感谢"三名"工程，是因为作为"三名"工程领导小组办公室主任，这个角色使我对"三名"工程的宗旨和内涵有了更深层次的思考，责任和使命令我不敢懈怠，引领与服务的本领恐慌让不再年轻的我拥有了一颗年轻的心，正所谓"岁月令人容颜变老，教育让我童心依旧"。

我应该感谢"三名"工程，是因为其让我有机会接触到全国高层次的专家学者、培训同行，开阔了我的眼界，拓展了我的思路。

我应该感谢"三名"工程,是因为通过"三名"工程我近距离接触到全县最优秀的校长和老师,你们给了我无穷的力量,教我深刻思考"我是谁""为了谁""依靠谁"。

各位老师,组织这次述职的目的是要搭建一个相互学习、交流的平台,让我们一起停下脚步、平心静气地理清思路、躬身反思、明确目标、蓄势待发。在专业成长的道路上没有停靠点,只有续航站,祝大家的专业发展之路越走越宽广!谢谢大家!

(本文为 2015 年 7 月 16 日笔者在阳信县首批"三名"工程届中述职总结会上所做的即席点评整理文稿)

一次难忘的高端培训　一段温暖的幸福旅程

各位校长、各位老师：

　　五天前，承载着阳信县教育体育局（简称"教体局"）党委和各学校的殷切期望，我们开启了南下江苏之旅。我们现坐在自德州开往阳信的大巴车上，再过一个半小时，我们将带着满满的收获回到温暖的家。现在，我以代表团团长的名义跟大家再讲几句话。

一、三个模块的学习震撼心灵

　　参加全国新教育实验海门开放周活动给我的最大启示是：教育的核心是学生，卓越课程开发和建设要紧紧围绕学生、服务学生、相信学生。教师搭建的舞台有多大，学生的潜能就有多大。只要行动，就有收获；只有坚持，才有奇迹；只要上路，就有庆典。新教育的种子，必将在阳信的大地上生根发芽，直到枝繁叶茂、大树参天。

　　行知小学是当今乡村教育的典范。我们有幸结识了爱满天下、一生为一件大事而奋斗的行知小学校长杨瑞清。1％的选择加99％的坚守，30年不懈追求成就了行知小学。有爱心才会有教育，善坚守才能出奇迹。大家多是乡村教师，当前城镇化进程加快，农村学校的生态环境不容乐观，但我们大可不必妄自菲薄，"潜心育人校校可成净土，忘我教研时时都在享受"。在座的各位中不仅有现任校长，还有一批校长接班人。优秀的校长不仅要有远见卓识、炽热情怀，还需要定力与坚守。校长领导力的核心是人格魅力。各位在工作中遇到迷茫、疑惑时，可从杨瑞清校长身上寻找答案。

　　到爱国主义教育基地侵华日军大屠杀死难烈士纪念馆文化考察，让我们痛彻地认识到，落后就要挨打，愚昧就要遭罪。基础教育必须以社会主义核心价值观为统领，坚持立德树人、育人为本。提升中华民族的核心竞争力，需要一大批德才兼备的建设者和接班人，必须培养学生的中国灵魂、世界眼光。"国家兴亡，匹夫有责"，教育工作者任重而道远。

二、温暖幸福的旅程难忘终生

六天里,我们同车出行,同桌吃饭,彼此关怀。

六天里,我们同得提高,同受感动,一起流泪。

六天里,我们互相帮助,互相包容,不是兄弟姊妹胜似兄弟姊妹。

沉甸甸的收获化作爽朗的笑声,幸福的感觉溢于言表。你们脸上灿烂的笑容告诉我此次培训实现了预期目标,取得了圆满成功。

此时此刻,我想特别为五位中心学校校长点赞。他们既是学习者,又是组织者,更是服务者,一路对老师们悉心照料、关爱有加。

在这里也要特别为服务保障团队点赞。安全保障人员、生活服务人员、学习宣传人员以及不能一一具名的其他服务人员的忠于职守、甘于奉献,保障了交通安全万无一失,置办的饭菜温暖可口,编发的简报在第一时间传送到领导、同事手中。六天的行程如行云流水,环环相扣,没出任何纰漏,过程堪称完美。

在这里更要为代表团全体成员点赞。大家激情满怀,自觉克服工作、家庭等重重困难,全身心投入学习,夜以继日地撰写随笔、体会,努力做最好的自己。激情与梦想齐飞,责任和信念相随。尤其难能可贵的是大家向社会展示了阳信教育人良好的职业道德和精神风貌,受到各方高度赞扬。

三、培训虽结束,成长无止境

离开南京,依依不舍;沉浸其中,意犹未尽。六天的旅程已成为美好的回忆。培训虽已结束,但专业成长之路永无止境。关于近期工作,特提出以下"四好"建议。

汇报好:向主要领导、分管领导汇报本次培训基本精神和主要收获。

总结好:认真梳理提升,按时提交日志与总结。

学习好:深入阅读下发的各种资料,对所学习的优秀学校要持续关注,尤其要关注学校网站。

践行好:按照各自学校要求做好二级培训,开展好协作组活动。今后工作中要立足本职岗位,切实发挥好示范引领作用。

四、心怀感恩,让生命与使命同行

作为代表团团长,六天来我从你们身上学到了很多,你们给了我太多的感动和力量。你们的收获是我最大的满足,你们的幸福就是对我最高的奖赏。在培训结束之际,我谨代表阳信县教体局师训办公室(简称"师训办")向局领导及各有关科室、向各中小学校、向代表团全体成员、向其他为阳信县"三名"工程建设无私奉献的人士表示由衷的谢意!"东西南北都能走,人们为啥跟你走",是"师德与师能兼修,生命与使命同行"的责任感。"三名"工程已经成为阳信县教育的一个品牌,你们的理解支持、鼎力相助、辛勤付出是"三名"工程建设持续推进的不竭动力! 我们有理由相信,最美的风景在路上! 谢谢大家!

（本文为 2015 年 12 月 18 日笔者在阳信县"三名"工程人选第二次分组培训活动小学代表团返家途中的讲话整理文稿）

做平凡幸福的教师　追求积极健康的人生

尊敬的杨老师,信城、水落坡、雷家、流坡坞及劳店镇的中小学老师:

近年来劳店镇中学领导班子励精图治、锐意进取,团结带领全校师生员工扎实推进素质教育,促进学校内涵式发展,成为全县初级中学的一面旗帜。南林校长有幸与莱芜实验中学杨富志老师结缘,并邀请杨老师今天专程赶来做教师专业发展主题报告,首先我代表阳信县教体局对赶来"传经送宝"的杨老师表示衷心感谢,对劳店镇中学等五校取得的优异业绩表示祝贺!

刚才杨老师用三个多小时为我们做了题为"普通教师破茧成蝶的密码"的报告,既有他教学经验的积累,更有他人生感悟的沉淀,我们很受教益。杨老师自谦是"草根"教师,草根者,接地气也。中国有"猛将起于卒伍,贤相来自州县"的古训,今天,我要说"最好的教育家来自教学一线"。南林校长执意要我做一个总结,那我就把自己的体会与大家分享一下。

一、修炼高尚的师德

要照亮学生,首先自己身上要有光明;要点燃别人,首先自己心中要有火种。高尚的师德是一部让学生读后终身受益的教科书。教师的人格力量来自学术水平与道德情操的完美统一。近半年来,县教体局就进一步健全师德建设长效机制和违反师德建设行为的处理专门发了文件,将今年定为"师德建设提高年"。师德建设落到实处,关键的几个环节是对学生讲关爱,对同事讲协作,对学校讲担当。杨老师与学生建立了和谐关系,每次出差都给学生带纪念品,这都给我们留下了很深的印象,杨老师心中有大爱。

二、追求专业能力的提升

高尔基说,一个人追求的目标越高,他的成就会越大,对社会越有益。左宗棠说,择高处立,就平处坐,向宽处行。

（一）阅读积累——教师专业发展的捷径

庄子云："水之积也不厚，则其负大舟也无力。……风之积也不厚，则其负大翼也无力。"博观才能约取，厚积才能薄发。理论是行为的指南，如果说教师感到课堂教学、班级管理不得法，自己的专业发展方向不清晰，写论文搞课题无从下笔的话，其原因就是阅读积累不够。可喜的是学校实施了教师读书工程，也取得了优异的成绩，今后要深入推进。

（二）勤思敬业——教师专业发展的基点

一群年相若、道相似的青年教师，几年后专业发展水平自然会出现分化，决定差异的环境因素固然很重要，但起决定因素的是内因，而在内因中，重要的不是天资、能力，而是态度。现在教师的业余时间很多，平庸教师、卓越教师的差距往往就在于对业余时间的利用。

（三）敬畏规律——教师专业发展的定力

今天的教育必须坚持"一个中心，两个重点"，即以育人为中心，以培育学生的创新精神和实践能力为重点。学生在校三年，为学生想 30 年，为学生的终身发展负责，以终生难忘的教育培育全面发展的学生。2011 年我来劳店镇中学督导暑期研修，教学楼上的毕业典礼会标格外醒目；去年我在劳店镇中学又看到了镶嵌在楼道大厅墙上的"饮水思源"匾牌，让我想起了 20 世纪 90 年代特级教师钱梦龙的话："几十年来我一以贯之的追求，都是基于培养人这一目标，一名教师偏离了这一目标，充其量只是教书匠。"

今天的教育必须研究、遵循学生的认知规律和身心发展规律。教师要聚焦课堂，吃透学情，以学定教，致力于从规范课堂到高效课堂再到智慧课堂的飞跃。

管理层要坚持把上级的方针政策同本校的师情、学情相结合，创设适合学生发展的教育环境，创设适合教师发展的管理环境。哲学上讲既要研究一般性又要研究特殊性，做到既不偏离方向又要有自己的特色。学校管理的出发点和落脚点要紧紧围绕学生、教师、学校的全面、协调、可持续发展。

以上只是教育规律的一鳞半爪，在行家里手面前谈教育规律，我有点班门弄斧，但我的体会是敬畏教育规律才不会犯大错误，遵循教育规律，就会拥有一双慧眼，在形式与实质、成就学生与误导学生、科学与伪科学面前看得真切、清楚、明白。这就是现在很流行的一个词——教育定力。

（四）教育科研——教师专业发展的动力

《左传》有云："大上有立德，其次有立功，其次有立言。"立言是薄弱环节，可喜的是劳店镇中学建立了教育博客，在引领教师专业发展等方面的举措不但新颖，而且取得了明显实效。

（五）特色彰显——成就名师的标志

要成为名师，就必须对自身有准确研判，充分发挥自身的优势，扬长补短，扬长避短。要集百家之长，汇自身特色，挖掘学生的潜能，做实、做强校本课程、校本研训。

三、追寻教师的职业幸福

魏书生讲，潜心育人，校校可成净土；忘我科研，时时能在天堂。教师的职业决定了教师岗位平凡，不可能有轰轰烈烈、惊天动地的壮举。成为一名好教师，必须用心专一，能够坚守，决不可驰心旁骛。当年黄埔军校大门口有一幅醒目的对联——"升官发财请往他处，贪生畏死勿入斯门"。一旦你认定了这个职业，就要干这一行、爱这一行、钻研这一行，在解决疑难中推进自身成长，在引领学生成人、成才中享受幸福。

幸福，就是一种感受。对物质，不要过于苛求，应淡化物欲。教师的幸福，不在于物质上的富足，而在于精神上的富有。

当教师的最高境界是通过完美的学术魅力和人格魅力，成为学生生命中的贵人。当然，贵人难当，不过我们可以降一格，当不成贵人，但不能做罪人。虽不尽如人意，但求无愧我心，面对学生，能够"既不因误人子弟而悔恨，也不因虚度年华而羞耻"。

三尺讲台，景色无边；三间教室，56 名学生，就是一份试验田，任你纵横驰骋。

各位老师，杨老师的报告让我们心动，丰硕的科研成果让我们惊羡。心动不如行动，要做就做最好。只在河边沉默的人永远也捞不到珍珠。千里之行，始于足下，让我们从阅读一本书、精心备好一节课做起，从今天做起。衷心希望劳店镇中学的干部、职工通过辛勤的汗水和卓越的智慧为学生创设幸福的教育，也衷心祝愿大家在教书育人、管理育人的平凡而神圣的岗位上享受到教育的幸福！

谢谢大家！

（本文为 2016 年 4 月 5 日笔者在劳店镇中学等五校区域教师专业发展论坛上的讲话文稿）

仰望星空,坚持高点定位
脚踏实地,谱写无悔人生

各位校长、主任,各位新同事:

大家下午好!

新的学年,滨州外国语实验学校经历了改名、升级和扩建,作为民办学校办学水平得到了社会的广泛认可,可喜可贺。暑期学校招了70余名新教师,前几天,宋校长托我组织新教师培训,我很高兴。学校非常重视教师专业思想的树立与素质的提高,标志着学校从规模效益走向内涵发展的新阶段。作为阳信县教体局师训办主任,我也非常看重新教师岗前培训,自2015年起将关注入职教师专业成长作为工作的重点,提出要以父母之心、兄妹之情关注入职教师的生存状态,把握青年教师的成长规律,引领他们健康成长。

今天,面对着70余名风华正茂、刚刚走出大学校门、即将开启教书育人道路的青年人,我百感交集。30年前的8月16日,我自惠民师范学校毕业后走上了工作岗位,当时的情景还历历在目。作为不忘初心、依然前行在教育战线的一名"老兵",今天讲几句发自心底的话跟大家共勉。

一、践行践履,坚持"四有",迈好职业生涯第一步

教师是承担教书育人责任的专业人员,必须要树立专业思想。那什么样的老师才是好老师呢?习近平总书记给出了"四有"标准。2014年9月9日,在第30个教师节前夕,习近平在与北京师范大学师生代表座谈时指出,做好老师,第一要有理想信念,第二要有道德情操,第三要有扎实学识,第四要有仁爱之心。做一名家长满意、领导信赖、学生喜欢的好老师是大家内心的渴望,希望大家以"四有"标准为标尺,不断进行修炼。今天之所以首先提出"四有"标准,是因为新教师教书育人的道路刚刚开始,树立正确的教育观、价值观、高点定位、高立目标非常重要!正如习近平总书记2014年5月4日与北京大学师生座谈说的,这就

像穿衣服扣扣子一样,如果第一粒扣子扣错了,剩余的扣子都会扣错。人生的扣子从一开始就要扣好。

作家柳青说过,人生之路是漫长的,但紧要处只有几步,尤其当人年轻的时候。青年如初春,如朝日,是人生最宝贵的时期。如何不负这大好年华,迈出坚实步伐,是一代代青年的人生考题。人生的选择如同穿衣,青年时期就要系上第一颗纽扣,每一个目标、每一个理想、每一份事业都从这一颗纽扣开始。

二、情怀情操,不忘初心,以教育光辉点亮人生

新加坡中小学校长的委任状中写道:"你的手中是许许多多正在成长中的生命,每一个都如此不同,每一个都如此重要,全部对未来充满着憧憬和梦想。他们依赖你的指引、塑造及培育,才能成为最好的个人和有用的公民。"短短几句话精辟诠释了教育的意义、方法和目的。

什么是教育?仁者见仁,智者见智。教育不只是把学生培养成大学生、研究生,而是把学生培养成志向高远、人格健全、基础扎实、学有创见的社会主义事业的合格建设者和接班人。全国名校长赵丰平说,教育不是把柳树培养成松树,而是要把柳树培养成好柳树,把松树培养成好松树,所以教育的本质是唤醒,是激励人、发展人。学生不是考试的工具,教师也不是高分的机器,教师眼中要有人。不是所有的人都适合当教师,不是所有的教师都可以成为优秀教师。一名优秀的教师首先必须有教育的情怀,有悲天悯人、心念苍生的情怀。全国著名特级教师钱梦龙说:"几十年来我一以贯之的追求,都是基于培养人这一目标,一名教师偏离了这一目标,充其量只是教书匠。"具体来说,优秀的教师要热爱学生,不论你喜欢不喜欢他;热爱教育,不要把它当成一种谋生的手段。有爱心才会有教育。

三、专心专注,脚踏实地,广阔天地里大有可为

要成为一名优秀的教师,光有丰富的情怀还不够,还要有过硬的教育、教学本领。这些本领,包括落实教学常规,打造高效课堂;夯实"双基",注重实践能力、创新精神的培养;指导学生自主学习与个别辅导;进行班级日常管理,组织主题实践教育活动;掌握学生普遍性的生理、心理规律与因学生家庭、环境等方面不同形成的个体差异特点等。可以说,三尺讲台为大家提供了纵横驰骋的广阔空间。一天半的培训中,我们试图给大家配备一份高质量的"营养套餐"。教学有方,但无定方;教书育人,有起点,但无尽头。千里之行,始于足下。提高师能要从钻研教材、课标,从精心备好每一节课,上好每一堂高效率的课做起,日积月累,滴水穿石,就会从量变到质变。可以预言,今天70多名年相若、道相似的青

年教师,几年后专业发展水平会出现较大分化,一部分人会从站稳讲台到彰显特色,从优秀到走向卓越,而另一部分人会逐渐变得平庸,究其原因,起决定作用的不是基础、智力、能力的差异,而是态度和意志。毋庸讳言,年轻人思维活跃,但受社会大环境的影响,往往做事不够专注,心有旁骛。而教育是特殊的行业,需要教师有"板凳要坐十年冷"的专注,要眼睛盯住学生,功夫用在课外,效果显在课堂;需要教师有脚踏实地的作风,想大事而做小事,摒弃假大空,追求真善美。

四、成长成功,终身学习,做教育改革的先行者

当教师既要为人,也要为己,为学生的终身发展和幸福奠基,同时为自己的事业和人生添彩,教师要学会自我成长。

通过实施"三名"工程,我们县涌现出许多优秀教师典型。稍后为大家讲课的劳爱君主任,不仅自己读书,还引导教师读书、学生读书、家长读书,在课题研究等方面也取得了突出成就。劳店镇中心学校的王立新老师,2010 年 11 月参加山东省信息技术骨干教师培训,在 400 人中总评成绩排名第五,2011 年成为教师研修省级专家,2012 年 6 月参加全国高级研修(山东省仅有 2 人参加),2013 年作为全国中小学教师信息技术应用能力远程培训首席专家到国家教育行政学院授课,2014 年被评为全国模范教师。

树立终身学习的意识。一是阅读积累,读教育名著增强积淀,读传统文化经典培育定力,关注政策文件明确方向。庄子云:"水之积也不厚,则其负大舟也无力;……风之积不厚,则其负大翼也无力。"博观才能约取,厚积才能薄发。二是勤于动笔。三是善于反思。全国知名教育专家叶澜教授说,一名教师写一辈子教案不会成为名师,写三年反思笔记可能成为名师。上一堂课后总结一下得失,管理一个班级、组织一次活动后也要反思一下成效。青年人要善于通过现代传播手段如博客、微信与广大同行互动、交流。只要上路,就有收获;只有坚持,才会成功。

五、担当担责,甘于奉献,做领导同事的知心人

与教师交往最多的,除学生外,还有领导与同事。在这里给大家的建议是:对领导要讲尊重,对同事要讲协作,对工作要讲担当。今天,70 余名来自天南地北的热血青年汇聚在滨州外国语实验学校,就要遵守学校办学章程和国家教育法律、法规要求。领导受董事会授权,进行教学管理,我们要尊重每一位领导,服从领导安排的工作。每一名同事都是我们完成教育教学任务的帮手,是同行不是冤家。工作面前,要人人讲责任、讲担当、讲奉献。姚明说,一个人就是一滴水,延续生命的唯一办法就是投入大海。独行快,众行远,所以我们要依靠团队

的力量。不要说登月工程、火星探测等高精尖科研项目需要成千上万人甚至几十万人的精诚合作，也不要说篮球队、足球队等需要全队将帅的齐心协力，就拿教育工作来说，这也不是单兵作战就能完成的，而是需要凝聚全班任课教师其至全年级、全学校干部、教师的智慧才能提升竞争力，扩大影响力，正所谓"同舟共济海让路，众人划桨开大船"。

六、坚持坚守，心怀阳光，做教育幸福的追梦者

不知大家来到滨州外国语实验学校有什么感受，是为好不容易找到了一份工作而高兴，还是因有不少同学去了高层级单位、学校而失落？消极的心态像月亮，初一、十五不一样；积极的心态像太阳，照到哪里哪里亮。良好的心态对教师尤为重要。一方面要对生活抱有美好的向往，另一方面要有应对各方面困难的准备。嚼得菜根，百事可为；艰难困苦，玉汝于成。今天的困难对弱者来说是不可逾越的鸿沟，而对强者则是成功的垫板。生活不只是眼前的苟且，还有诗和远方。

南京市浦口区行知小学校长杨瑞清，大家可以上网查查他的办学事迹，他40余年坚守乡村小学教育岗位，学习陶行知，践行陶行知，才成就了当代教育名家的美名。

曾跟同事们聊天谈起，我们这一代人既是阳信教育的躬耕者，也是教育发展的见证者，同时也是教育成果的享受者。我18岁参加工作，19岁带领学生获得全县初三数学竞赛总分第一名，29岁成为全县第一个市级教学能手、学科带头人，34岁晋升中学高级教师。回首30年的工作经历，我虽然业不精德不成，但我做到了如保尔·柯察金所说的，当回首往事的时候，既不因误人子弟而悔恨，也不因虚度年华而羞耻。我曾对我教的第一届学生说："经过岁月的淘洗，我改变了很多，但致力于人格的完善没有改变，致力于教育能力的提升没有改变，而且历久弥坚。"我先后在翟王镇中学、阳信县实验中学任教，在阳信县教体局先后担任数学教研员，德育办公室（简称"德育办"）、师训办公室（简称"师训办"）主任，我始终"把困难当成课题，把工作当成乐趣"，"我工作得很辛苦、很辛苦，但也感到很幸福、很幸福"。我感受到的教育幸福是干一行、爱一行、专一行的工作激情以及为学生尽责、为同事尽心、为工作尽职而独有的那份心灵宁静。

在翟王镇中学，我入职四年带领学生荣获全县初三数学竞赛团体第一名一次、第二名一次。

在阳信县实验中学，我历任教研组长、年级主任、政教主任、校长助理。带领数学组打了"翻身仗"，初二学生参加数学竞赛成绩竟然高于本校初三学生5分；在政教主任岗位任上做了许多奠基性、开创性工作，带学生参加全省中学生技能

大赛税法知识竞赛,我辅导的学生作为全省 22 支代表队中唯一的初中学生荣获第 7 名。

作为县德育办主任,我于 2007—2009 年连续三年推动全县中小学开展三大主题教育实践活动,包括 2007 年的感恩教育、2008 年的养成教育、2009 年的传统文化教育;向全县中小学精心推荐经典阅读文章;2007 年 52 篇、2008 年 30 篇;2006 年,借鉴上海经验,对照教育部评价标准,研制综合素质评价手册,该手册到现在仍具有指导意义。

作为县师训办主任,我在全市率先开启了"三名"工程,"三名"工程成为国家试点项目,一批优秀的校长和老师成了"三名"工程的追随者。滨州市的"三名"工程文件也是由我执笔起草的。阳信教师研修工作 2012—2014 年连续获得省先进组织单位。

教育的幸福惠及家庭,我家先后被评为"齐鲁百户爱书人家""山东省书香家庭",爱人事业有成。我们的品格、工作态度、处事方式被儿子传承和发展,他目前是北京大学的硕士研究生。

没有人能随随便便成功,不经历风雨,怎么见彩虹? 在今后的工作与生活中,衷心希望各位在"独上高楼,望尽天涯路"的困境中,通过"衣带渐宽终不悔,为伊消得人憔悴"的艰辛付出,领略那"众里寻他千百度,蓦然回首,那人却在,灯火阑珊处"的别样风景!

预祝新教师培训工作圆满成功,预祝各位同事今后宏图高展,大有作为!

(本文为 2016 年 8 月 28 日笔者在滨州外国语实验学校新教师培训班启动仪式上的讲话文稿)

阳信教育将因你们而精彩纷呈
学生人生将因你们而与众不同

各位培训授课团队成员，各位新老师：

2017 年阳信县新入职教师岗前培训，历时两天圆满结束，明天大家就要奔赴工作岗位。首先对大家表示欢迎和祝贺！阳信教育因你们的加盟而更加精彩！我受阳信县教体局局长委托，在培训班结业之际跟大家讲几句话。

一、敢于担当，主动请缨

前几年，全县新教师入职岗前培训由县里有关职能部门组织实施，并收取相应费用。党的十八大后不能收费了，这事好像也没人管了。我鼓起勇气，先后向两任局长汇报，主动请缨担此重任，秉承的信念是为新教师的专业发展负责，为阳信教育的未来担当。

二、筹备培训点点滴滴

要想点燃学生，教师心中必须有火种。教师是特殊的行业，当一名好教师固然需要知识与技能储备，但更重要的是涵养教育情怀。新入职教师身上寄托着阳信教育的未来和希望，有的学生因遇到一位好教师而前途光明，而有的学生因遇到庸师而前景黯淡。前者是学生生命中的贵人，而后者对学生来说就是罪人。我们深知入职教师可塑性强，我们反复论证培训方案，每位培训教师备课、授课都尽心竭力，这些或许你们看不见，但通过两天的培训相信你们能切身感受到：

培训"套餐"几经研讨——力求营养丰富；

培训教师备课精益求精——唯恐贻误苍生；

手册编选字斟句酌——精心准备的见面礼；

现身说法声情并茂——心的召唤、爱的奉献。

三、成长之路任重而漫长

这两天,大家都能以积极的态度参加入职培训,遵守纪律,服从管理,学思结合。通过几个模块的学习培训,大家的收获主要表现在以下方面:

强化了职业规范,增进了职业认同;

熟悉了制度法规,掌握了教育方法;

明确了教学常规,了解了教学流程;

拓宽了技术手段,提升了读写自觉;

明白了任务目标,明晰了成长路径;

分享了典型经验,坚定了工作信心。

培训的结束不是学习的终结,而是专业成长的新起点。我们要思考落实双导师制度,探索建立新教师专业发展的长效机制。我们要在总结培训成效的基础上,思考沉淀形成文件,筹备开展新教师专业发展论坛,开展调研,持续关注新教师发展。我希望在明年的新教师入职培训中,能从你们当中挑选出榜样。

四、几点希望装点行囊

我想对带队的各单位领导干部说,得青年者得未来,不重视青年成长的校长不是优秀的校长,对新入职教师要:

坚持专业引领不动摇;

坚持学术研究不懈怠;

坚持人文关爱不虚假。

赠送新教师三句话装点行囊:

带着爱心上路,有爱心才会有教育;

怀揣梦想上路,有梦想才会有未来;

肩负责任上路,有责任才能有作为。

在培训班即将结业之际,作为县教体局师训办主任,我也代表培训团队跟大家讲一句话:今天你们入职是我们相识的起点。全心全意为教师服务、为教师的专业成长搭建平台是我们神圣的岗位职责。

关照新教师的专业发展,真诚到永远!

(本文为 2017 年 9 月 1 日笔者在阳信县新教师岗前培训结业式上的讲话文稿)

接天莲叶无穷碧　映日荷花别样红

尊敬的骆主任、汤主任，各位"三名"工程人选：

在浙江大学继续教育学院的精心运作下，山东省阳信县"名校长名班主任名教师"建设工程人选第三次集中培训班今天在美丽的西子湖畔正式开班了。我谨代表山东省阳信县教育和体育局对培训班开班表示热烈祝贺，对浙江大学继续教育学院管理团队前期所做的准备和付出、对前来授课的各位专家表示衷心感谢！

阳信县自2010年开始实施"名校长名班主任名教师"建设工程（简称"'三名'工程"），秉承"为阳信未来教育家奠基"的培养目标，致力于探索经济欠发达地区教师专业发展的新路径。2011年4月，该工程被确定为国家教师教育综合改革试验区试点项目。该工程自实施以来，涌现出一批在区域甚至全国有一定影响力的学科领军人物。例如，王立新受国家教育行政学院聘任担任全国中小学教师信息技术应用能力远程培训首席专家；齐爱军、孙希山被评为山东省特级教师；吕秋月被确定为"齐鲁名师"建设工程人选；董雯雯被教育部确定为全国首批乡村优秀青年教师培养奖励计划人选，成为滨州市入选全国300人计划名单的唯一人选。2017年7月，系统总结阳信县"三名"工程实践探索与成果的系列书籍《制度设计与创新培养》《生命价值与教育情怀》由中国海洋大学出版社出版发行。

为进一步提升阳信县教育干部和骨干教师的专业水平，我县教育和体育局党委研究决定，今年暑期分三批对"三名"工程人选、中小学校长、县乡两级研训人员进行高端培训。暑假第一天，第一批87名参训学员就来到久负盛名的浙江大学，尽享专业团队为我们烹制的"专业大餐"。在未来五天，通过专家引领、名师带动、同伴互助、文化熏陶和自我反思，全体参训学员力争在理论理念、教育实践、研究能力等方面有新的提升，切实破解工作中遇到的疑难问题。在此，对全体学员提出三点希望和要求。

第一，珍惜机会。要以强烈的使命感和积极进取的精神风貌参加培训，认真聆听专家报告，学习、吸收名校的办学经验，积极和专家、学员互动交流，确保培训效益的最大化。

第二，确保安全，遵守纪律。要一切行动听指挥，按时参加各项活动，不迟到、不早退，严格请销假制度，确保人身及财务绝对安全。各协作组负责人、各职能工作部门要履职尽责，协助代表团做好管理工作。

第三，树立良好形象。要模范遵守社会公德、职业道德，优化个人品德，塑造好山东省阳信县教育人的形象。

"江南忆，最忆是杭州"，我希望五天的培训不仅能留给我们美好的记忆，还能给我们带来沉甸甸的收获。林清玄曾说："你的气质里，藏着你读过的书和走过的路。"我真心希望培训工作结束之后，大家会发自肺腑地说："我现在的气质里，藏着读过的书、走过的路，还有受过的培训"。

最后，预祝山东省阳信县"三名"工程人选第三次集中培训圆满成功！

（本文为 2018 年 7 月 9 日笔者在阳信县"三名"工程人选第三次集中培训开班仪式上的致辞文稿）

此情可待成回忆　信仰之火已点燃

尊敬的浙江大学继续教育学院的汤主任,培训班各位学员:

阳信县"三名"工程人选第三次集中培训通过培训主办方——浙江大学继续教育学院项目团队的精心运作和全体学员的积极努力,今天就要圆满结业了。作为主管科室负责人和本次培训的领队,此时此刻,我盘点归去的行囊,感慨多多,收获满满。

"与名家结缘,拓宽视野。""深度对话是教育教学的新追求。""教师在发展中要用好自己的比较优势。""教育不是雕刻而是唤醒。""简单是大智慧。""音乐点亮人生。""名师成长更需人文滋养。"这些观点如明灯,照亮了我们前行的路。

与杭州牵手,大家体验了智慧与灵秀。杭州作为全国著名的宜居城市、创新型城市,不仅湖光山色美不胜收,还在便民、为民、共享、共建等方面进行了积极的探索。

与同伴互助,大家感受到了团体的力量。近 90 名学员一起学习、生活了六天,见贤思齐,博采众长。

与家人小别,亲情得以凝聚和升华。所谓"距离产生美",你会惊奇地发现在你离家的日子里,孩子懂事了,老婆可爱了,老公责任感更强了。

六天里,大家珍惜机会、文明守纪,分工明确、履职尽责,培训达到了预期目标,受到了管理、服务人员的普遍好评。我为这支团队感到骄傲和自豪!

在盘点培训收获之时,我也为全体学员的家人给予的无私支持而感动。其中,有三位老人随团来到杭州照看小孩,在此向老人们转达敬意,阳信教育的发展和进步离不开你们的辛勤付出;对各位学员的爱人表示谢意,在学员离家学习的日子里,是他们承担了更多的责任;对各位学员的孩子表示歉意,这几天少了父母的陪伴,但在名师的家庭中成长是孩子们的幸运,孩子们未来的成就或许藏在父母今天的努力里。

我还要对培训项目组的辛勤付出表示感谢,遇到你们是我们的幸运,你们准备的"专业大餐"让"培训改变气质"的期许落地生根。

六天的杭州之旅将成为美丽的回忆。培训即将结束,成长永无止境;教然后知困,学然后知不足。让我们把今天的感动和收获转变成行动自觉和人生信仰,为学生的发展和幸福奠基,为自己的事业和人生添彩。

（本文为 2018 年 7 月 13 日笔者在阳信县"三名"工程人选第三次集中培训结业仪式上的讲话文稿）

高端难忘的培训盛宴　撼人心魄的灵魂洗涤

尊敬的浙江大学继续教育学院的骆主任、汤主任,各位培训班学员:

在阳信县教体局党委的坚强领导和培训机构的精心运作下,以秘金亭主任为团长的阳信县教育干部综合素质提升培训班圆满完成各项任务,就要结业了。刚刚观看了项目办为我们精心制作的专题,倍感亲切,热泪盈眶。盘点六天培训的收获,我不禁感慨万千。

一是淘洗了灵魂,坚定了信仰。通过专家报告,特别是到嘉兴南湖革命纪念馆参观,重温入党誓词,全体学员接受了一次深刻的党性教育。为什么要当校长、主任,为什么要参加培训,一系列问题都在这里找到了答案。

二是激发了思考,启迪了智慧。专家报告既站在理论高地,又处在实践前沿,掀起了一场场头脑风暴,引导我们审视教育的过去、现在和未来。教育要树立学生是第一立场、教师是第一资源、阅读是第一课程的思想;学校要提供适性教育,好的学校要有青春气息和黎明的感觉;化解学校风险要坚持法治思想、底线思维;提升领导力要加强有效沟通,提高国学修养……新理念、新思想让我们如沐春风、醍醐灌顶。

三是体验了高品位生活的美好。浙江大学的几个校区无不透露出大学文化的大气与厚重,给人以向上向善的力量;公交、地铁的便捷,西子湖的灵秀,城市规划的前瞻性,音乐茶座的震撼力,给我们打开了一扇扇天窗。全方位的学习给了我们美好的体验。

四是深度交往增进了友谊。六天里,各位校长、主任为了共同理想汇聚在一起,学习上互相鼓励,生活上互相关心,大家深度交往,见贤思齐,相见恨晚。

此刻,我要为参训的所有校长、主任点赞。你们把无形的规章记在心上,把办人民满意的教育的责任扛在双肩,你们用行动证明自己不愧是阳信教育的中流砥柱!

此刻,我还要对浙江大学继续教育学院项目团队提供的周到服务表示感谢,温馨的教室、可口的饭菜、丰富的课程让我们享受不尽,你们的行动为"求是创新"的浙大校训做了最好的诠释。遇见你们,是我们的幸运,花谢还会再开,我们还会再来!

各位校长、主任,诚然,我们阳信的教育还不完美,存在经费匮乏、师资短缺等问题。今天专家告诉我们:教育就是一个不完美的人带着一群不完美的人追求完美的过程。尽管"雄关漫道",但责任与使命让我们义无反顾、不敢懈怠,浙大人才辈出给我们的启示之一就是教育要努力营造适于学生成长的土壤,让阳信的孩子接受更好的教育就是支撑我们前行的强大精神力量。

一个人可以不成功,但不能拒绝成长。六天培训的收获让我们眼睛更加明亮、头脑更加清醒、步履更加坚定。明天,我们将带着沉甸甸的收获和厚重的责任返程,让我们以此为新的起点,沿着提升学生核心素养、促进教师专业成长、推动学校内涵提升的道路攻坚克难,勇毅前行!

(本文为 2018 年 7 月 19 日笔者在阳信县名校长及教育干部培训班结业仪式上的讲话文稿)

草木蔓发　春山可望

尊敬的两位专家、劳店镇全体同仁：

大家过年好！

"人勤春来早！"经过长时间的筹备，劳店镇中小学教师专业能力提升培训班今天开班了，借此机会我代表阳信县教体局对培训班开班表示热烈祝贺，对前来"传经送宝"的两位专家表示衷心感谢！祝愿在新的一年里劳店教育再展新形象，创造新辉煌！

几年来，劳店镇学区教育干部、教师坚持正确的办学方向，开拓进取，团结奋斗，无论是在标志办学总体水平的综合督导、象征教育生命线的教学质量方面，还是在教师专业发展、学生核心素养等方面都取得了辉煌的教育教学业绩，毫不夸张地说劳店镇是全县农村教育的标杆。单就我了解的教师专业发展方面，以王立新、张如意、王志刚为代表的一批名师在全县、全市都产生了很大影响。劳店镇教师的专业发展，造福了劳店镇的学生，同时也成就了教师自己。2018年暑期，劳店镇共向外输送了1名学区主任、2名初中校长，提拔了1名中心小学校长，还向县直学校输送了一批骨干教师。

振兴民族的希望在教育，振兴教育的希望在教师。教师是教育中最具活力的因素，学校的生命力在于教师的专业成长。在寒假开学前组织教师参加专业能力提升培训，是劳店镇学区领导班子基于对新的教育形势的研判，在更高起点上谋划全镇教育高质量发展的又一次出发，是"担当作为，狠抓落实"工作作风的生动实践。希望通过本次培训，全镇中小学、幼儿园教师的教育视野有新的拓展，教育情怀有新的涵养，教育能力和师德水平有新的提高。

春天是播种的季节，也预示着希望，草木蔓发，春山可望。我相信，有专家的倾情奉献与引领，有局党委及职能科室的关怀和指导，有学区领导班子的积极作为，有广大师生员工的拼搏进取，劳店镇教育的明天一定会更加美好！预祝培训班取得圆满成功！

谢谢大家！

（本文为2019年2月16日笔者在劳店镇"四有"好老师专业能力提升培训班上的开班致辞文稿）

为教育放歌　为教师抒怀　为共和国献礼

各位主任、各位老师：

本学期县教体局党委责成师训办公室牵头筹备 2019 年庆祝教师节文艺晚会，我感到压力很大，因为我本身不懂艺术。前段时间我进行了小范围走访调研，今天把阳信教体系统懂艺术的各位专家、骨干请来，围绕策划、筹备 2019 年庆祝教师节文艺晚会进行专题研讨，充分听取大家的意见建议，集思广益，汇聚智慧。今天的座谈会可谓少长咸集、群贤毕至，有懂艺术、善管理的学区主任、校长，有才情横溢的"三名"协作组负责人，更多的是阳信音乐、美术界的"大咖"，还有教体局体卫艺办公室的几位主任。

第一项议程，请李主任传达局党委对 2019 年庆祝教师节文艺晚会的要求，就这项工作进行安排部署。

第二项议程，请各位参会人员根据自己的理解和专业特长，围绕节目创作、设计编排、舞台效果、组织实施的方方面面提出意见、建议、构思。希望各位知无不言、言无不尽。

今年教师节所处的大背景是适逢庆祝中华人民共和国成立 70 周年，小背景是贯彻落实全国及省市教育大会精神、市县"师德建设年"主题实践教育活动。下面就贯彻落实局党委指示讲几点意见。

一、主题、宗旨及目标

主题：为阳信教育大发展放歌，为全县 5 000 名教师抒怀，为共和国 70 岁华诞献礼。

宗旨：为阳信教育发展和社会进步服务，为广大教师和学生服务。

目标：弘扬主旋律，传播正能量，坚持思想性与艺术性相统一，根据"思想精深、艺术精湛、制作精良"的标准，力求推出一批有思想高度、有教育温度、有乡土浓度，为阳信广大教师所喜闻乐道，为社会各界所羡慕称赞的文化产品。

二、参演人员

师生同台表演，以教师为主。

三、选材重点

讴歌广大教师敬业爱岗、无私奉献的精神，展示阳信最新的优秀教育教学成果，赞颂国家繁荣昌盛与阳信事业发展和社会进步的作品。

四、编创建议

（1）整体架构上体现融合性。初定这台晚会包括专题片播放、领导致辞、颁奖（最美教师、"爱满梨乡教书育人"好团队）、阳信教育功勋人物表彰、"三名"工程人选经典诵读、新教师入职宣誓、《我和我的祖国》大合唱等板块。

（2）演员调配上体现统筹性。要在全县教体系统中调配资源，打破学区、学校鸿沟和界限。

（3）节目形式上体现多元性。改变唱歌、舞蹈等单一形式，可采用相声、小品（课本剧、情景剧）、京剧、诗朗诵、诗书画融合展示等。

（4）素材挖掘上体现时代性，并尽可能多地体现原创性。艺术源于生活、高于生活，应以最合适的艺术方式表现生活。艺术的生命力在于创新，应坚持"创造性转化与创新性发展"原则。

（5）编创导向上坚持人民性。习近平总书记指出，人民是文艺创作的源头活水，一旦离开人民，文艺就会变成无根的浮萍、无病的呻吟、无魂的躯壳。文艺创新，归根到底都直接或间接来源于人民。艺术可以放飞想象的翅膀，但一定要脚踩坚实的大地。文艺创作的方法有百种、千种，但最根本、最关键、最牢靠的办法是扎根人民、扎根生活。

编创导向上坚持人民性，就是要在平凡的教师身上寻找感动，在生动的课堂上捕捉灵感，在火热的操场上破译成功密码……

五、工作步骤

（1）要进一步学习、研究，修正意见、建议、构思，与筹备小组保持联系，"人人都有出彩的机会"，为筹办阳信教师喜闻乐见的文艺晚会而发挥每个人的聪明才智。

（2）筹备小组筛选、整理各种反馈，形成板块框架。

（3）各单位有针对性地进行节目创编、排练。

（4）进一步研究论证。

（5）报局领导审核批准后确定节目单。

六、温馨提醒

（1）包容心态。艺术流派、艺术门类、艺术形式没有高低贵贱之分，贵在合适的场合有恰当的表现形式。"文明因包容而多彩，因互鉴而生辉"，大家要互相包容，自觉取长补短，忌文人相轻。

（2）合作精神。没有任何一个人包打天下，要演好"合奏"，艺术精英更应讲究合作。

（3）学习意识。"一招鲜，吃遍天"已成为历史，学习是艺术的源头活水。向高人学，向艺术精品学，向历届教师节文艺晚会、《中国诗词大会》《经典咏流传》等优秀品牌栏目学习，汲取艺术养分。

七、感谢与拜托

艺术的生命在于创新，现在人们的欣赏水平与对艺术的期望都很高。要办好一台晚会需要编创人员用力、用情、用智，需要俯下身子学习、研究、实践。曹雪芹写《红楼梦》"批阅十载，增删五次"；路遥创作《平凡的世界》翻烂了 1975—1985 年的《人民日报》，还下矿井体验生活。大家要做好奉献、吃苦的准备。相信通过我们的持续努力，9 月 10 日一定能为全县教体系统师生员工、为社会各界呈上一台思想性、艺术性、观赏性俱佳的文艺晚会，不负局党委的重托和社会各界的期望！谢谢大家！

（本文为 2019 年 5 月 24 日笔者在阳信县庆祝 2019 年教师节文艺晚会第一次策划座谈会上的讲话文稿）

十年辛苦不寻常　专业发展无穷期

各位"三名"工程人选：

全县教育干部"三专"提升培训暨"三名"工程人选第七次专业成长论坛历时两天圆满完成了预定程序，就要闭幕了。昨天我们与300多位教育干部共同聆听了李志刚、党朝荣两位专家的精彩报告。今天上午先是30余位人选激情诵读了《花开"三名"》，然后为第三批阳信名校长、名班主任、名教师颁发了证书；李连波主任做了"十年艰辛铸就辉煌　使命担当传承发扬"的主旨报告，希望"三名"工程人选不忘立德树人的初心，牢记为党育人、为国育才的崇高使命，探索新时代教育教学方法，提升教书育人本领，珍惜荣誉，积极作为，为推动全县教育高质量发展做出新的更大的贡献；县教育科学研究中心副主任黄春燕做了题为"课题研究成就卓越教师"的专题报告，为今后教师开展课题研究提供了专业的引领与指导。今天下午县语委办王珊、文玉燕及孙婷婷就行文规范、新闻撰写、自媒体工具运用进行了业务培训；张付亭、刘明、宋立芹分别从读书、学课、研究等角度分享了自己的专业成长心得，为新人发展提供了宝贵经验；然后大家共同观看了"三名"工程十年奋斗历程专题片。

本次论坛，理念高端、内容翔实、方式多元、反响强烈、入脑入心、触动心灵的培训给大家献上了一份精美的"专业大餐"。在论坛即将结束之际，我想从以下几个方面与各位共勉。

一、"三名"工程十年实践的坚守

坚持改革创新。把国家及省、市教师队伍建设的精神实质同阳信的具体实际相结合，坚持改革创新。

坚持文化浸润。实施"三名"工程，我们以文化引领发展，注重发挥培训文化的引领、浸润作用。

坚持师德为先。十年来，我们始终坚持"师德和师能兼修，生命与使命同行"的宗旨，把涵养师德作为"三名"工程人选专业发展的首要标准，人选选拔实行师德考评一票否决制。

坚持高端引领。工程实施之初,我们就树立"为阳信未来教育家奠基"的理念,注重高端引领对工程人选专业发展的作用。

遵循育人规律。一是坚持实事求是,二是坚持公平公正,三是发挥人选的榜样作用。

二、阳信"三名"工程人选的选拔机制

"三名"工程人选的遴选坚持宽进严出,不拘一格选人才。报名无门槛,不限人数;上交材料(打分依据),不限件数;理论考试,考察基本理论素养和文化积淀;能力测评,注重课堂实操;师德考察,一票否决。

阳信"三名"工程目前已评选了四批。

第一批:人选共 90 名,期中合格 67 名,期末认定名校长 4 人、名班主任 4 人、名教师 13 人,共 21 人。

第二批:人选共 100 名,期中合格 92 名,期末认定名校长 4 人、名班主任 2 人、名教师 11 人,共 17 人。

第三批:人选共 135 名,期中合格 113 名,期末认定名校长 3 人、名班主任 12 人、名教师 29 人,共 44 人。

第四批:人选共 139 名,期中合格、期末认定人数待定。

三、"三名"工程十年实践的影响

唤醒了专业发展自觉。十年来,一批优秀教师和校长加速成长。他们德业双修,积极进取,对全县教育系统产生了强大感召力,唤醒了广大教师的专业发展自觉。

改变了行为方式。"三名"工程重视阅读积累的工作导向、宽进严出的选拔机制、协作共进的成长方式、积极健康的职业追求,改变了教师的工作、学习、生活方式。

引领了师德风尚。"三名"工程人选讲大局、讲担当、讲奉献,团结协作、共同成长、共同进步的师德风尚蔚然成风。

促进了城乡均衡。"三名"工程人选牢记使命和责任,致力于"传帮带",推动了县域教育均衡发展和乡村振兴。

四、安排近期的几项工作

(1)阳信"三名"工程人选微信群不解散,继续作为交流分享与学习的平台。为方便今后工作,新建第四批"三名"微信群。

(2)会后分组交流,秘书长建立协作组联系群,完善有关信息。

（3）10—11月安排本学期协作组活动，内容以总结本次论坛的收获、感受，谋划今后专业发展，读书心得为主。

（4）启动"卓越人才培养计划"，谋划专题培训。

各位人选，著名作家柳青说过，人生的道路虽然漫长，但紧要处常常只有几步，特别是当人年轻的时候。让我们珍惜荣誉，积极作为，以"师德和师能兼修，生命与使命同行"为宗旨，推进"三名"工程，为实现自身的精神丰盈和全县教育高质量发展做出新的、更大的贡献！

（本文为2020年9月27日笔者在阳信县"三名"工程第七次专业成长论坛上的讲话文稿）

夯实根基促进成长　追寻教育的诗意和远方

各位学区教育干部、校长，新入职的老师：

我之所以欣然应邀参加本次活动，一是因为这次的活动很有意义，二是因为几年来温店学区推进新教师专业成长成效显著。听取了刘惠萍、巩希琳、尚美英、商玉艳四位名师的专业成长经验介绍后我很受启发，下面用四个关键词谈谈我的体会。

第一个关键词：极端重要

"得青年者得未来"，推进新教师专业成长、研究新教师成长规律是一件很有战略眼光、很有重大现实意义的工作。今天我们所做的是面向温店教育未来十年乃至更长时间的一项奠基性工作。此时此刻，我想起了一句话："世界是你们的，也是我们的，但是归根结底是你们的。你们青年人朝气蓬勃，正在兴旺时期，好像早晨八九点钟的太阳。希望寄托在你们身上。"

第二个关键词：成长可期

总结梳理四位名师的专业成长经历，可以看出他们身上共有的优秀品质，给我们以深深的启发。

一是他们都有明确的职业定位和坚定的专业信仰。他们把工作当成事业而非职业，战胜自我，服从领导安排，吃苦耐劳并且勇于承担额外任务。

二是他们都怀有赤子之心。他们对工作有进取心，对学生有爱心，对领导怀有感恩心，对同事有热心，以爱育爱，做温暖有光的修行者，传递正能量。

三是他们都有良好的行动自觉。他们让敬业成为一种习惯，精益求精，让任务驱使和问题解决倒逼自己成长。

四是他们都能把握住成长的机遇。比如，他们精心打磨代表课，珍惜每一次外出培训、与名师学习交流的机会。

第三个关键词：精心呵护

今天，各学区教育干部、各中小学校长都来参会了。我们县出台的《关于实施新教师职初培养工程,加快专业发展的指导意见(试行)》规定,对新教师实行双导师制度,中小学校长就是新教师的人生规划导师。出生时有一对好父母、入职后有一位好师傅、成家后有一位好伴侣被公认为人生三大幸事。希望各位校长、各位教育干部以父母之心、兄妹之情关爱新教师,以专业视角引领、助推新教师健康成长。有远见的校长的优秀品质之一就是带动、培养年轻人干事创业。诚然,这些新教师还不完美,但没有完美的个人,只有完美的团队。一个不完美的人带领一群不完美的人追求完美的过程,这不正是教育的真谛吗?

第四个关键词:诗和远方

温店地处偏远,经济条件还比较薄弱。但随着支持乡村振兴计划、乡村教师支持计划等一系列惠农、惠师政策的陆续出台,乡村教育迎来了新的发展机遇。新教师要洞察国家大事,立志扎根乡村教育,坚守初心使命。当然,教师还面临住房、婚恋、夫妻分居、子女教育、父母养老等一系列困难和问题,但要相信生活不止眼前的苟且,还有诗和远方。要正视暂时的困难,相信团队是你们坚强的后盾。

各位老师,施幸福的教育,做幸福的教师是我们的美好憧憬。让我们仰望星空,脚踏实地,走好脚下每一步,向着做乡村教育家的目标进发!

(本文为 2020 年 12 月 25 日笔者在阳信县温店镇学区新教师专业成长论坛上的讲话文稿)

坚守立德树人初心　做学生的人生导师

尊敬的孙老师,第一实验学校教育集团的各位学区主任、校长,各位班主任:

在 2020 年各项工作即将圆满收官、2021 年新年钟声即将敲响之际,第一实验学校教育集团班主任培训暨论坛今天举行了,我谨代表县教体局对论坛的举办表示祝贺,向前来阳信县"传经送宝"的专家孙即忠老师表示衷心感谢!

借此机会,谈几点认识,与大家共勉。

一、立德树人是班主任工作的根本任务和基本遵循

党的十九大以来,从国务院、教育部到地方党委政府及教育主管部门密集出台了一系列政策文件。2020 年 3 月 20 日,中共中央 国务院印发了《关于加强新时代大中小学劳动教育的意见》;9 月,习近平总书记指出,希望广大教师不忘立德树人初心,牢记为党育人、为国育才使命,积极探索新时代教育教学方法,提升教书育人本领,为培养德、智、体、美、劳全面发展的社会主义建设者和接班人做出新的贡献。对广大学校管理干部和中小学班主任来讲,最重要的就是坚持正确的教育导向,深刻理解和把握立德树人的根本任务,把立德树人成效作为检验学校一切工作的根本标准。切实加强体育、美育、劳动教育,在坚定理想信念、厚植爱国主义情怀、加强品德修养、增长知识见识、培养奋斗精神、增强综合素质上下功夫,培养一代又一代拥护中国共产党领导和我国社会主义制度、立志为中国特色社会主义奋斗终生的有用人才。

希望各位学校管理干部和中小学班主任结合党的十九届五中全会精神,加强对系列文件、政策的学习贯彻,做到教育大势要明、办学方向不偏。

二、努力做学生的人生导师是班主任的初心使命

习近平总书记指出,教师是人类灵魂的工程师,是人类文明的传承者,承载着传播知识、传播思想、传播真理,塑造灵魂、塑造生命、塑造新人的时代重任。新时代面临的新形势,对教师队伍建设提出新的更高的要求,班主任工作面临新

挑战。要想点燃学生,教师心中要有火种。广大班主任是教师队伍的中流砥柱,要带头严格要求自己,不断完善自己,尤其要有热爱教育的热情、淡泊名利的坚守,努力做学生的人生导师。

三、爱心、智慧是班主任专业发展的两个基本点

班主任工作既是一门艺术,又是一门学问。做好班主任工作不仅要掌握班级管理常规,洞察学生心理,掌握学生身心发展规律,更要与时俱进,坚持教育手段与方法创新,以人格魅力影响学生心灵,以学术造诣开启智慧之门。因此,班主任要不断加强学习研究,提升教书育人的本领,努力做有爱心、有智慧的研究型班主任。

四、仰望星空脚踏实地,追寻教育的诗意和远方

班主任的使命光荣,任务艰巨而繁杂。有的班主任调侃自己是天下最小的"主任",工作超量,身心俱疲,面对新的环境、形势和服务群体,也有好多无奈。但一个班级给了你一份责任田,也给了你挥洒汗水、享受收获的广阔舞台。你的一个鼓励的眼神、一次入脑入心的谈话、一场主题班会,或许会成为改变一个学生、一群学生人生与命运的契机。诚然,我们有工作的繁杂和苦恼,也有生活的苟且,但不能妄自菲薄,学生的未来不是梦,班主任的专业发展同样未来可期。

良将起于卒伍,贤相来自州县。人生因梦想而伟大,因学习而改变,更因坚守而成功。预祝论坛圆满成功,预祝第一实验学校教育集团在新一年事业成功,宏图大展!谢谢大家!

(本文为 2020 年 12 月 28 日笔者在第一实验学校教育集团班主任培训暨论坛上的讲话文稿)

阅读启迪心智 坚守创造奇迹

关于读书,我最认同新教育倡导者朱永新先生的观点,一个人的阅读史就是他的精神发育史,读书虽不能延长生命的长度,但可以拓展生命的高度。一个民族的精神境界取决于公民的阅读水平,一个没有阅读的学校不可能有真正的教育。

我从事教育工作已满 34 年,德不成业不精,但在做事上保一股进取精神,在做人上怀有一颗赤子之心,尚能让我心神笃定、聊以自慰。我感到最受益的是保持了善于阅读、勤于积累的习惯。

读书是成本最低的贵族生活。积极健康的阅读,就是与高尚的人对话。"你的气质里,藏着你读过的书和走过的路"。30 多年来,我通过持续阅读开阔了视野,净化了心灵,拓展了能力,也因此熏陶了家庭氛围,惠及了孩子。

读书是教师专业发展的基础。今天的教育不应是昨天的复制品,教师要持续发展必须躬于实践、终身学习,而阅读是教师生发教育智慧的重要源泉。

读书是学校管理创新的重要载体。教师引领学生爱上阅读、自主学习,既是落实发展学生核心素养的重要途径,也是改变学生的知情意行、增强德育实效的重要切入点。

近年来,水落坡镇中心小学开展的师生读书活动风生水起,付亭校长邀我为活动专刊撰写序言,我深感荣幸。世上没有白走的路,每一步都算数。只要上路,就有收获;只要坚持,就有奇迹。希望贵校读书活动慎终如始,越办越好。祝愿老师们、学子们尽情吸吮书籍套餐里的营养,尽情领略阅读天窗外的无限风光!

(本文为 2020 年 8 月 12 日笔者为水落坡镇中心小学读书专刊撰写的序言)

潍坊广文中学挂职培训随笔

根据县教体局 2012 年重点工作安排,经过长时间的联系与筹备,5 月 6 日下午,我带领九位初级中学校长终于来到仰慕已久的潍坊广文中学挂职培训。在未来一周的时间里,我们将以校长助理身份参与学校日常管理,领悟学习赵桂霞校长及其团队的管理艺术和治校经验,以探求广文中学薪火传承的文化基因和长盛不衰的办学奥秘……

高效课堂是这样炼成的

2012 年 5 月 8 日　星期二

今天是挂职培训的第二天,培训模块是走进课堂。在昨天的见面会上,赵校长向来自河南、山东的两个挂职培训组的每一名成员征求意见,充分满足我们的要求,开放了上午(文华校区)21 节课、下午(广文校区)10 节课,供自由选择。我们阳信挂职人员每人都选听了五节课,并于下午 3 点 30 分参加了由贾校长主持的评课活动。

我听的五节课分别是上午文华校区刘湘玉老师的初二语文课、刘雅琴老师的初一数学课、钟玉老师的初一历史课;下午广文校区郭晓燕老师的初一语文课、孙安秀老师的初一历史课。五位老师的课各有千秋,其共性特点清晰可辨。窥一斑而知全豹,广文中学课堂的高效让我惊叹不已。

第一,坚持以人为本,强化主体地位。无论学生手中有无导学案纸质稿,课堂始终坚持以导学案为主线,脉络清晰。

第二,学习小组各成员的合作探究与反馈矫正贯穿始终。广文中学的每一个班级就是一列"和谐"号动车组,除了老师的主动力外,每一个学习小组也为火车增添了分动力,确保了动车组高速、平稳前行。

第三,夯实"双基"。教师采取得力措施帮助、引导学生归纳、建构与优化知识系统。两节历史课的主题都是"明朝皇权的加强",两位老师在课的结尾归纳:通过对中央、地方、皇族、群众、知识分子五个方面采取一系列措施,加强皇权,并画出知识树,提高了学习效率。再比如,刘老师的数学课,通过题组设计,突出变式与逆向思维训练,使学生深化了对同底数幂的乘除法、零指数幂、负整数指数幂等运算规律的把握。

第四,注重学习能力的培养。我听的初二语文课是一节作文点评课,刘老师以培养学生的阅读、鉴赏、批判能力和创新精神为重点,组织学生自主进行作文点评。我们随机查看学生的作文,篇篇文笔流畅,文采飞扬,且书写端正,可以看出广文中学对学生作文能力的培养"滴水穿石非一日之功",如《下棋让我懂得了人生》一文,通过下棋,联想到对人生的感悟,其思想达到的深度很难让人相信出自十四五岁的少年。

第五,重视情感、态度、价值观的目标达成。郭老师的课是讲读神话《夸父逐日》,在结束阶段,她希望学生通过本文的学习,发扬夸父逐日的精神,克服学习困难。在她的激励下,学生快速且声音洪亮地背诵了全文。孙老师的历史课,通过列举明太祖、建文帝、明成祖采取一系列措施加强皇权及摧残人性,不失时机地对学生进行民主与法治教育、历史唯物主义教育,时机把握得恰到好处,教育效果明显。

当然,对课堂某些细节的处理,我也有一浅见。比如作文点评课,没辅以文本呈现,仅是学生口头表述,使得广大学生不能有效感知原作文和旁批、总评,实效打了折扣。数学课的题组设计,在坚持突出重点、分化难点的前提下,没能坚持小坡度、密台阶,影响了目标达成度。

创设适合教师发展的管理文化

5月9日 星期三

今天,挂职培训进入第三天,培训模块是走近管理、走近教师。上午广文中学事务处、组织处、品牌管理处(含人力资源部)、课程管理处的主任分别就各自分管的工作进行了情况介绍,下午五位教师讲述了各自的专业成长经历。他们的介绍或诙谐幽默,或声情并茂,让我们从不同的侧面对广文中学的精细化管理有了新的了解。

事务处——让制度看守校园比校长更可靠

事务处分管校园安全保卫、档案管理、常规工作落实等众多工作,随着学校声名鹊起,来访接待、协调等工作愈发艰巨,赵校长及其班子成员因大量的学术研究及社会兼职而分身乏术。学校经教代会或教职工全体大会批准出台了一系列规章制度,坚持制度第一、校长第二,让制度看守校园。凡学校的重大活动都有一整套科学的工作流程,根据岗位职责分工负责,各有侧重又统筹兼顾,保证了学校的健康、协调、高效运转。

组织处——争先创优,永葆党的先进性

根据市教体局要求,广文中学新设了专职党务机构——组织处。组织处不仅出色地完成了上级党委安排的各项常规工作,更难能可贵的是他们把党的普遍性方针政策同学校实际相结合,紧紧围绕学校中心工作,开展了党员读书、全员育人导师制、师德师风建设承诺等系列争先创优活动,充分发挥了党员的战斗堡垒作用,保持了党的先进性。

品牌管理处——广文文化,专业打造

广文中学十分注重文化育人的作用,把文化建设作为提升学校软实力的重要载体。置身校园,广文的文化元素无处不在,大到对学校及校长的宣传,名师推介,校园网站、校报的建设,小到校服、资料包的设计,教师日志,甚至一次性纸杯都由专业团队进行精心设计,倾力打造广文文化品牌。从校史馆展板、文化墙、宣传橱窗以及校长、处室主任和老师发言的课件模板上我们都感受到了百年老校厚重的文化底蕴。

课程管理处——为教师发展搭建多元平台

一所对学生成长负责的学校,首先要承担教师专业发展的责任。"发展教师,成就学生,服务社会"是广文中学的核心办学理念,而发展教师居于首位。五位教师讲述的专业成长经历,使我们了解到广文中学抓住关键事件、关键人物、关键书籍、关键因素和关键时期,以举办课堂大赛、读书展示、教学基本功比赛、学科技能比赛等系列活动为载体,为教师搭建了多元的发展平台,从而促进了青年教师的成长、成熟和年长教师的成功。他们"不是一个人在奋斗",而是建立了一整套良性机制,使教师的专业发展如百舸争流、千帆竞发,使学校的发展如雨后春笋。是的,广文中学正如赵校长所说,"学校的生命力在于教师的专业成长"。广文中学,足以让人向往和敬仰!

建设适合学生发展的课程

5 月 10 日　星期四

今天,挂职培训进入第四天,模块是走近课程。上午韩文联、孟祥池两位主任分别就学校的特色课程和学科课程做了介绍,初二 10 班陈景怡同学以"在广文的小日子"为题讲述了自己的学习感受。下午,我们观摩了学校的社团课程。

广文中学秉承"适才教育,助每个学生走向成功"的核心理念,开设了生本化的学科课程、个性化的活动课程、特色化的学校课程,从而构建了与学校培养目标相一致的"三位一体"课程体系。大家系列特色课程培养了学生的大家风范,文化系列特色课程涵养了学生的人文底蕴,实践与探究系列特色课程培养了学生的科学精神,而以入校课程、离校课程为代表的活动课程触及学生灵魂、让学生终生难忘,成为助推广文学子走向成功的不竭动力。通过两位主任介绍,我们平生第一次听说引桥课程。引桥课程包括小初引桥课程、难点引桥课程、高中引桥课程,其目的分别是解决小初衔接问题、分解难点、让学生迅速适应高中的生活和学习。尤为难能可贵的是,广文的课程不是因校而设、因师而设,而是经过大量调查研究,包括问计教师、走访学生(包括回访已升入高中的学生),再经过数据统计、分析,最后做出科学研判,因学生的需求而设。他们在真正地践行以生为本,为学生的终身发展和未来幸福奠基。广文中学,怎能不令人敬佩和感动?

难说再见

5 月 11 日　星期五

时间过得真快,今天是挂职培训的最后一天。和前几天一样,清晨,我们早早来到广文中学,或观看宣传橱窗,或与执勤师生交流,或观摩学生的课前准备。今天的培训模块是走近学生。广文中学先是安排学生处王信宝主任补上昨天下午因开会而延误的活动课程介绍;而后由学校家长委员会主任做家长委员会工作情况报告;最后,我们兴致勃勃地察看了家长委员会办公室及工作档案资料。我们感慨,广文中学通过家长委员会卓有成效的工作,让教师、学生、家长三条脉搏一起跳动,构筑了家校合育的立交桥,为全省实施素质教育提供了"广文样本",值得学习借鉴。

历时一周的挂职培训圆满完成了预定的课程内容,我代表阳信县教体局向广文中学赠送刻有"办学卓越耀齐鲁,泽远千里润梨乡"黄金大字的锦旗,对广文中学给予的精心指导和周到服务表示由衷的感谢。时间定格在上午 11 点 10 分,挂职代表团成员与崔书记、贾校长及各部门负责人在办公楼前合影留念,之后与学校领导一一握手话别,但心里真的不愿说再见。

难说再见,是因为广文给了我们五天的美好回忆。广文有心怀高远的校长书记、精明干练的管理团队、朝气蓬勃的教师群体,更有素质超群、前途未量的英雄少年。广文人开放包容的品格让人敬仰,广文的一草一木令人流连忘返。

难说再见,是因为广文让我们见证了当今基础教育的典范。广文是一部厚重的教科书,我们对其的了解得还很浅显,需细品慢悟,以指导实践。

难说再见,是因为我们意犹未尽,学而未倦。校长们倍加珍惜这难得的学习机会,排除各种干扰,听报告、进课堂、访领导、问学生、写随笔,如鱼得水,如饥似渴,在广文的生活很充实,学习很圆满。

难说再见,是因为肩上的担子和心中的责任让我们有幸牵手名师,与名校结缘。内涵发展之路任重道远,我们将正确把握上级的方针政策,学习借鉴外地先进经验,背负使命,执着向前!

"国培计划(2017)"——专职培训团队研修项目
县级教师培训机构培训管理者班随笔

2017 年 10 月 11 日

教育部"国培计划(2017)"——专职培训团队研修项目县级教师培训机构培训管理者班今天上午在华东师范大学(简称"华师大")开班,来自全国 31 个省区市的 100 名同行分成两个班组织实施,我们山东的五名学员被分在了二班。简短的开班仪式之后是按班进行破冰之旅和文化构建。我跟内蒙古的赵兴麟、浙江的蔡菁菁和林鹇、云南的李知肯、宁夏的徐玉琴、山西的梦哲几位老师分在第四组,公推来自温州大学教育学院的林鹇为组长。根据组内成员来自全国的特点,我们提出的口号是"行走四方,飞抵八荒,为教育梦想启程远航",组徽是展翅飞翔的大鹏,组名为"起航队"。做完小组介绍后,每人都获得了礼物——一枚精致的华师大校徽。

下午的课程是培训部李宝敏主任主讲的"参与式培训的设计策略"。李主任先抛出什么是参与式培训、参与式培训的基本理念、参与式培训的基本特征、参与式培训的关键要素、如何设计参与式培训等问题,分别由六个小组讨论。然后打破组内界限由班内其他成员进行修正、补充、完善,同时各成员到其他组"淘宝"。接下来各组阐述观点,接受质疑。最后李主任做"点睛之笔",依次进行点评、归纳、总结、拓展。

一天的学习务实而高效,华师大培训团队无论是在课程设计、手册编排还是生活细节方面都非常敬业、专业。通过激活原认知、同伴互助启发,特别是李主任拨云见日般的引领,我们对参与式培训的基本理论渐渐清晰,对设计策略逐步明确。同时也深切感受到,自己虽然从事了几年的培训工作,但以前对培训理论只是碎片化的理解,一知半解,似曾相识,回答不精准;以前对培训方案的设计还处于浅表层面,对内涵理解不透,对实质把握不够。我将珍惜这难得的机会,向专家学,向同行学,涵养理论,丰富实践,提升自我,为阳信县教师队伍建设尽心竭力。一天的感受借朱熹的诗总结一下:"半亩方塘一鉴开,天光云影共徘徊。问渠那得清如许,为有源头活水来。"

2017 年 10 月 12 日

今天上午及晚上的课是由闫寒冰教授主讲的"培训方案设计"。闫教授温文尔雅,和蔼可亲,是全国中小学教师信息技术应用能力提升工程执行负责人。她提出的"重实践逻辑而非学术逻辑""重问题解决而非知识习得""重任务驱动而非求知驱动"等观点对我们设计培训有很强的指导意义。

下午,全体学员分乘两辆大巴车到徐汇区教育学院参观考察。徐汇区立足全体、关注个体,构建分层分类培训体系,有效推动教师专业化发展的经验值得学习借鉴,如按照准备—适应—发展—创造的发展序列,对见习教师—合格教师—骨干教师—专家教师实施多层次梯度培养。闫教授介绍,徐汇区教育学院现设有教师专业发展、课程教学研究、教育发展研究、信息资源建设和院务五个中心,承接了教育局行政管理之外的所有业务职能,让人不得不惊羡上海市作为全国教育治理体系构建引领者的先进性。参观校园时,三行醒目的美术字引得众人竞相拍照——"进德与修业相彰,服务与引领交融,理论与实践对接",这不正是当前培训应坚守的基本原则吗?

晚饭过后,闫教授接着讲。设计培训方案,首先应确立培训目标,按布鲁姆认知六层级——知道、领会、应用、分析、综合、评价依次设计。闫教授还以"路边围着一群人,其中有警察,地上有一摊血"为例,通过分组讨论与点拨,使我们对培训目标的制定有了清晰的把握。

闫教授的课深入浅出,让人茅塞顿开。写一首小诗总结这一天的心得:

> 浮生难得六日闲,
> 南下华师来充电。
> 见贤思齐讲担当,
> 成长不迟天命年。

2017 年 10 月 14 日

今天上午的课程是"信息技术支持的培训管理",由吴昭老师主讲。

吴老师列举了用于调研培训需求的问卷星,用于方案设计做思维导图的mindmanager,交往工具 QQ、飞信、YY 和微信以及管理工作用的各种软件,并详细介绍了培训管理工具 UMU。听了吴老师的讲解,我感觉这款软件有很高的应用价值,打算回阳信后再集体学习、研究、尝试开发一些课程,看能否应用到新教师、"三名"工程人选等类似的群体中。

最后一堂课是杜龙辉老师主讲的"面向教师培训的微课程开发"。这个领域是我的短板,一是因为原先没有系统学习,二是因为技术更新迅速,三是因为随着岁数增大自身接受能力变差,因此对这堂课特别期待。杜老师果然了得,一是他风趣幽默,对 PPT 设计中出现的问题概括得入木三分,人们在会心一笑的同时也加深了理解。二是条理特别清晰。三是总结特别精练,如他把微课程媒体策略与设计艺术概括为:

标题性画面——下载;

感悟性画面——铺满;

叙事性画面——萃取;

过程性画面——可视;

解释性画面——达意。

下午 4 点 30 分,结业式举行。先是学员通过手机扫描二维码完成训后问卷;接下来集体观看培训总结视频;然后颁发结业证书,班长致辞;最后由培训部李宝敏主任做总结讲话。培训在齐唱《同一首歌》中圆满结束,看得出人们学犹未尽,几多留恋,几多不舍。

参训几天的感受,可用紧张、汗颜、幸福、期待几个关键词来概括。培训时间只有四天,课程安排紧张;与高人、后生同班共学,知识储备的浅薄与反应的迟钝令我汗颜;结识高层次专家,与全国各地的同行成为朋友自然是人生的一大幸福;本领恐慌与焦虑令我"读它三年也不厌倦",服务与引领的使命感又令我对做好今后的培训工作充满期待!

阳信县教育干部赴桓台名校跟岗培训随笔

一、精心诚心,真帮实扶

借力桓台帮扶阳信的宝贵机遇,阳信县教育干部赴桓台名校跟岗培训。4月9日,阳信县教体局党委书记、局长郑景华,县教育督导室主任李连波,教体局办公室主任贾树哲一行联系帮扶事宜,得到桓台县教体局局长祁志超、副局长赵光辉、教研室主任王海军等领导的热情接待。双方领导商定分两批次九个组别到三所九年一贯制学校、两处中心学校、一个幼教集团进行一周跟岗培训。

跟岗事宜得到各学区、学校的积极响应,共有99名校长、学区主任、幼儿园园长、中层干部报名参训,县教体局专门印发了《阳信县优秀教育干部赴桓台县名校跟岗培训方案》指导组织实施。

4月15日下午,市局大学生支教实习培训会结束后,分两组出发的首批跟岗学员在市教育局汇合。李主任登上大巴车发表了热情洋溢的动员讲话,希望各位校长、主任珍惜大好机会,虚心学习桓台名校优秀的管理思想,提升视野境界,推进自身成长,为今后办阳信人民满意的教育而尽心竭力。然后我带领小学校长、副校长及中层干部一行36人于晚上6点40分抵达桓台宾馆;晚上7点30分召集三个组负责人会议,交代了培训设计、食宿安排、学习计划等事项。

4月16日早上7点30分,三所学校的领导先后来到宾馆分头迎接跟岗人员,我随教体局王主任的车来到城南学校。苏维海校长致欢迎词,然后观看学校专题片,荊震副校长介绍跟岗安排,工会主席陈帅做学校情况介绍。随后我们在荊副校长的带领下参观校园,到访了教师办公室,查看了图书室阅览室等功能用房。40多个班级参加的课间操中,学生集合、退场都非常迅速,而且秩序井然,每个班都有首尾2~3名教师随队伴跑,经了解,所有任课教师都被分到班级组成教育团队,全员育人在桓台得到了落实。

城南学校布局高端大气,宽敞亮堂,校园内不见一辆车,大型地下停车场拓展了使用空间,设计具有前瞻性。初中、小学两学部各自独立运用一个风雨操场,活动空间充足。教学区三栋教学楼独立设计又通过连廊融为一体。教室后墙单独设计的半间橱柜、窗台下的口杯架、教师基本功训练黑板架、阅览室的"S形"书立,都给我们留下了深刻印象。细微之处见精神,看来我们的差距不仅在经济基础和政府投入上,还在为教师服务、以学生为本的理念与细节上。

留给我们深刻印象的还有无论是教室还是教师办公室都很整洁、卫生,张挂得体,文化气氛浓厚,环境育人得到了彰显。

下午,我随一组来到实验学校,观摩了一节音乐课、一节美术课,教师的高超教学技能、学生的高位综合素养让我们暗自惊叹。更让我们感动的是,学校为每一位跟岗校长、主任安排了一位中层干部提供对口指导,在王凤主任的引荐下,他们互留联系方式,一一对接交流。

最后阶段,荆洋主任带领我们查看学生课间操和课后服务情况,从操场到教室,再到功能用房,穿越大半个校园,300亩占地面积可谓"奢华",小桥流水、回廊通幽、花团锦簇、碑林石刻颇有大学的文化格调,令我们流连忘返,细细品味。

无论是运动场上学生热火朝天的篮球、羽毛球运动,还是端坐在教室里进行的拓展阅读,功能房里开展的陶泥制作、乐器弹奏、分部合唱都井然有序,老师专注,学生专心,我们不得不钦佩桓台课后服务内容之丰富、务实与高效。我们不禁慨叹土沃才能苗壮,根深才能叶茂,只有平时高品质的教学与课外指导,才能培养出高素质的人才。

下午5点30分,我们一行12人在意犹未尽中与荆主任道别,校门外的情景让我们赞叹,家长、机动车、摩托车都很有秩序地分列公路两侧,没有喧哗,没有乱停乱放,没有挤占车道,没有喇叭响声,学校对学生、家长长期抓养成教育的成效一目了然。

第一天的跟岗结束了,校长们的脸上写满了笑容,看得出他们很投入,触动也很深。我们由衷感谢桓台县教体局及各培训学校领导对阳信教育的无私帮扶,也让我们对以后的学习充满了期待!

二、格物致知,守正创新

上午跟随三组参加活动,早上7点40分我们来到桓台一中附属学校门口,查看学生入学情况,毕志山副校长热情接待了我们。这是一所年轻的九年一贯制学校,2017年完成建设并开始招生,小学部现有三个年级共24个教学班。

我们随着毕副校长观摩了早读课。每个班教室后面都坐着一名学生家长,这是学校推出的家长监督制度。教室里学生座椅舒适安全,升降可控,并为每一名学生配备了小马扎,以让学生参加活动时方便携带。

第一节观摩任文静老师执教的语文课《荷叶圆圆》。任老师板书美观大方,课堂掌控能力强。第二节王晓老师运用启发式教学,引导学生弄清知识发生过程,交互性强。

刚到学校,有人就跟我说学校的大课间很独特。我们兴致勃勃地来到操场,果然被这气势所震撼。他们创新地将大课间延长到 30 分钟,增大阳光体育的容量,运动项目与中考接轨,包括静力性拉伸、坐位体前屈、跪卧撑、平板支撑、波比跳、快速跳绳、迎面往返接力跑。李校长介绍,方案几经修改,目前仍在完善期。他们为增强学生体质进行的探索令人钦佩!

下午,李慧副校长为我们做专题报告《课程建设—课程育人》。学校致力于国家课程、地方课程的校本化整合,构建"235"课程体系,以教师绩效评价为杠杆推进选课走班,开发校本课程取得了初步成效。随后,我们到各教室实地考察,折纸、陶泥、沙盘,居然还有思维导图,真没想到小学的选课走班能做到这个程度。

李副校长介绍,自建校以来,学校高度重视教师专业成长,以培养学研型教师为目标,以埋头苦干、务实求效为引领,每学期制定教师专业成长课程台账,责任到人。学校把自强放在第一位,对教师严格要求,牢固树立大局意识、诚信意识、奉献意识、进取意识,采取请进来、走出去、坐下来读、沉下身研、扶上台赛、推出去讲等措施推动教师专业发展,一批年轻教师已在全县、全市脱颖而出。

漫步校园,感受最深刻的还是学校浓厚的书院文化气息。教学楼分别以厚德、博学、格物、致知、意诚、至善、求真、慎思、笃行命名,组建格致、真诚、真善三大书院。学校的建设蓝图、文化布局、治校管班、课程整合无不体现了逯志平校长深厚的国学功底与独特的教育理念。与逯校长面对面,能感受到仁者的平易与智者的博雅。

"办一所受人敬仰的伟大学校!"这是十几年前李希贵就任北京十一学校校长时向外界掷地有声的诺言,今天年轻的桓台一中附属学校正朝着这样的目标昂扬迈进!

推进教师专业成长　培养学生核心素养

2016年9月,阳信县被省教育厅确定为山东省农村义务教育薄弱学科教师教学技能培训项目县,从2017年2月开始,将对全县的音乐、美术及小学英语教师进行为期一年的全员培训。根据省教育厅统一部署,11月16日至11月26日,阳信县择优遴选出的三个学科60名"种子"教师,由我带队先后分三批参加了在浙江师范大学、北京外国语大学、北京师范大学举行的骨干志愿者培训。现对参训情况作简要总结梳理,以此向关心支持我县项目推进的省市项目办领导、学科专家,向县、乡、校领导及将要来我县"传经送宝"的志愿者进行汇报。

一、如沐春风、如饮甘醇,全体参训学员经历了一场思想洗礼

各承办高校精心准备,严密组织。前沿的理论视角、顶端的技能传承、至真至诚的人生感悟,给广大学员带来了精神的盛宴;一堂堂特级教师展示课让学员眼界得到拓展、技艺得到提升。学员每天都沉浸在高层次的培训所营造的氛围中,细品慢悟,深刻反思。一篇篇日志记下了他们的收获,也记录了他们成长的足迹。十天的培训使他们拓展了视野、提升了技能、锤炼了师德。专家、教授所展示的精湛专业技艺让学员叹为观止,敬业精神与教育情怀也成为学员专业成长中的宝贵经验。

二、珍惜机会、克服困难,参训学员表现出了强烈的求知欲望和进取精神

全体参训学员十分珍惜这难得的学习机会,他们统筹解决工学矛盾,自觉克服照顾孩子、侍奉老人等各种家庭困难,他们做的虽是平凡小事却感人至深。为把握培训机会,有的女教师说服家人暂缓执行"二胎"计划。温店镇闫张小学英语教师刘洪玲的孩子刚满十个月,为了这难得的培训机会,她毅然为孩子断奶而登上了赴京的客车。商店镇大韩小学校长董雯雯是英语学科组长,培训进行到第七天时孩子持续高烧不退。为不影响培训,她让弟弟开车载着孩子和母亲从阳信赶到北京诊治,没有误过一节课,也没有耽误一次活动。

三、博采众长、兼收并蓄,充分利用培训平台广交师友、展现自我

广大学员珍视培训平台提供的人才资源,拜能者为师,虚心求教,与授课专家、骨干志愿者交流切磋。他们夜以继日,加班加点备课、排练。在音乐学科结业汇报演出中,丁雪莲、马建芬、孙玉川、刘焕英、李志敏、李言聪等贡献了 16 个节目中的 3 个,无论是重唱、舞蹈还是演奏,都得到了全场喝彩。英语学科编发的培训简报受到专家团队高度赞扬并在其他项目县推广。

四、恪尽职守、勇于负责,组织管理人员表现出了较强的专业素养和领导能力

值得一提的是,各学科组管理人员恪尽职守、勇于负责,为培训取得最大化效益做出了积极贡献。各学科组为编发培训工作简报往往加班到深夜。音乐学科汇报演出中,姚秀峰、韩清涛作为后场服务人员尽职尽责,受到项目办表扬。齐国娟、韩强、杨芳、王娟等组成的训徽创作团队,王晓军、姚秀峰、苑群、刘玲等组成的主题歌编创团队常常牺牲休息时间深入研讨、反复切磋。

五、团结合作、文明守纪,全体参训人员展示了良好的团队意识和精神风貌

各学科参训学员,不但模范遵守学院规章、遵守培训纪律,而且在学习上互相勉励,在生活中互相照顾,展现的良好团队意识和精神风貌受到讲课专家、培训机构、服务人员的高度评价。英语技能展示,场上学员练发音、做造型,场下学员帮着查资料、制课件;音乐学科汇报演出,场上学员忙排练,场下学员租服装、帮化妆、帮服务。他们不仅展示了技能和艺术,还展现了团队的智慧、集体的力量、阳信的形象。

即将开始的全员培训是一项持续时间长、参训人数多、工作任务重、影响深远的综合性工程。面对困难,不应怨天尤人,而应从我做起,撸袖实干。

在全员培训即将拉开帷幕之际,我们要把握项目实施的历史性机遇,进一步统一思想,凝聚共识,把平凡乡村教师身上的正能量迅速传播并发扬光大,吸引更多教师心情愉悦地参与培训,使他们在修炼师德、提高技能、发展自我、成就学生的事业中体悟工作乐趣,把教师提升的成果最终转化为莘莘学子的核心素养,谱写无愧于教书育人职责、无愧于人生韶华、无愧于时代的精彩华章!

(本文为 2017 年 1 月 8 日笔者为阳信县农村义务教育薄弱学科教师教学技能培训"种子"教师培训工作简报所撰写的综述)

山东省农村义务教育薄弱学科
教师技能培训项目随笔

一、对"限高"的感悟

2017 年 7 月 9 日下午，根据既定的培训方案，70 名学员与志愿者、管理人员由我带队，在职业中专东门口集合，分乘一辆大巴、一辆中巴及两辆家用车向淄川区峨庄镇魏氏庄园美术写生基地进发。为确保活动顺利实施，阳信县教体局先后下发了暑期培训方案与写生安全预案，组建了组织管理、安全保障、生活服务、学习宣传四个职能工作部并实行部长（组长）负责制。管理人员安排我与初中组 16 位学员乘中巴车。出发前管理人员一再强调，所有车辆首尾相顾，不得单独行动。

走出阳信地界，从大高收费站沿 S29 滨莱高速向南行进，因大巴、中巴限速90 千米/小时，两辆家用车逐步脱离车队冲到前面。来到与 G20 高速交叉路口时因青银高速山东段维修，车队被迫改走省道与乡村公路，怎奈地方为了加强公路保护，并不执行国家有关等级公路限高规定，而是自行提高标准，使我们的大巴、中巴在左转右转中艰难前行。在经过一处限高栏杆时，中巴得以通过，大巴只得另行通路。中巴于晚上 7 点 30 分到达写生基地，而此时两辆家用车已于半个小时前到达了。晚上 8 点 30 分，在基地工作人员的一再催促下，已饥肠辘辘的 20 多名先期到达的学员、志愿者用晚餐，而此时大巴车载着 50 余人仍在黑暗中绕道、寻路……

晚饭后，先期到达的 20 多人没有一人进屋休息，都在焦急地等待，电话联系、微信支着儿……能想到的办法都想了，我甚至跟车上的负责人说："再往前走就是环山公路，要确保安全第一，实在问不到路就沿路找宾馆住下，明早再走！"

晚上 11 点 15 分，终于传来了大巴车的汽笛声，不到 200 千米路程却经过近10 个小时的颠簸。大家跑到路口迎接，有几人紧紧相拥，眼里噙满泪水……

安顿好学员吃饭、入住已是凌晨。我躺在床上难以入眠,回味这艰难的来时之路,凌晨 2 点 30 分我在微信群发了以下文字:

"几经周折,大巴车终于平安到达,我们胜利了!老师们辛苦了!"

老师们是否想过,教训是什么?今天旅途不顺,大巴车被限高而绕路,除不可抗力、司机不熟悉路况外,团队凝聚力不够,四辆车各自为战,两辆自驾车和中巴车只考虑到自己顺利通行,在大巴车最需要帮助的时候没有给大巴车导航、支援,也是今天如此周折的原因。试想如果按照既定的分工,大车在前、小车紧随,即便路遇限高,仅凭我们自身的力量也能探索到宽阔大道,引领大车前行。

第二天早上 7 点 30 分,在写生动员会上,我首先进行自我批评:作为领队对路途中的困难估计不足,没有严格执行安全预案要求,没能及时阻止自驾车、中巴车脱离车队的行为。最后我充满深情地说:"事实已经证明,没有完美的个人,只有完美的团队;一个人就好比一滴水,延续生命的方式就是主动融入。提高美术教学的技能还不是薄弱学科培训任务的全部,团队精神的塑造可能尤为重要。"瞬时台下爆发出长时间的掌声,我看到许多学员的眼睛湿润了。

二、建造自己的房子

历时一年的薄弱学科培训项目进入尾声,省项目办原通知建议 12 月 30 日组织最后一次送教及培训结业汇报演出,因适逢元旦小长假,决定结业仪式暨汇报演出提前到 12 月 23 日。这样就需要加快筹备节奏,为取得良好的演出效果,需要抽出一定时间进行排练。学科组负责人安排 49 名音乐学员于周一中午 1 点 30 分集合,分别到 8 个场地进行专项训练,但只有一半的学员能自觉参加。首日效果不佳,我马上改变策略,通知所有演职人员周二上午集中到职业中专排练,上午 8 点 20 分是通知规定的集合时间,实际到场 31 人,直到 8 点 40 分全部学员才陆续到齐。

学科组长点完名,照例是我做动员讲话。我首先为他们讲了一则故事:有位追随老板大半辈子的老木匠准备退休,回家与妻儿享受天伦之乐。老板依依不舍,问他是否能帮忙再建一座房子,老木匠答应了。但他的心已不在工作上,他用的是软料,出的是粗活儿。房子建好了,老板把大门的钥匙递给他:"这是你的房子,我送给你的礼物!"老木匠震惊得目瞪口呆,羞愧得无地自容。如果他早知道是在给自己建房子,他怎么会是这样的态度呢?现在他得住在一幢粗制滥造的房子里!

讲完故事,我话锋一转,提高了分贝:"薄弱学科培训了将近一年,送教专家和志愿者牺牲了近 20 个休息日,学员也克服了自身工作、家庭的重重困难,我们坚守到了最后时刻。一路走来大家都不容易,有圆满的结业式和精彩的汇报演出是我们共同的期盼。但我要说结业演出不是为省项目办演的，不是为学校演的，是为你们自己演的，你们这是在建造自己的房子！凭大家昨天和今天的散漫表现你们能演出什么效果？"

此刻，空气仿佛凝固了，静得能听得见掉到地下的一根针。"今天我就是要听你们一句痛快话，由你们决定演还是不演？要做就做最好，不演咱们就地解散，绝不勉强！"话音刚落，全体演职人员面面相觑，鱼贯走出会场，没有一个人插话，也没有一人请假，而是迅速到各功能室参加排练。

三天后，结业仪式和汇报演出如期隆重举行，送教专家、志愿者、三学科全体学员及全县中小学教育干部共 500 余人参加，15 个节目都很精彩，演出取得了圆满成功。

参加"全国中学名校创新与发展论坛暨江苏省最具影响力中学内涵发展与办学追求深度解读现场会"情况汇报

基于为阳信县"三名"工程人选培训进行先期考察的目的,2015 年 10 月 17—23 日,我与阳信县职业中专校长朱洪彬、阳信县第一实验学校副校长单云军、阳信实验中学副校长朱月芹四人参加了由中国教育服务培训中心主办的"全国中学名校创新与发展论坛暨江苏省最具影响力中学内涵发展与办学追求深度解读现场会"。先进的办学思想、高效的课程建设、厚重的文化积淀、务实的工作作风让我们见识了什么是内涵发展的名校。我们感慨颇多,心潮难平,现将有关情况向领导进行汇报。

一、活动的动机、目的

目前,"三名"工程人选主要是阳信县教师群体中优秀的校长、班主任及任课教师。近几年来,随着研训活动日益增多,他们对优质培训的需求日渐强烈,今后的"三名"工程人选培训规划主要突出两点:一是要以先进的理念做引领,二是要学习优秀学校内涵式发展的新举措、新办法。鉴于 2014 年 4 月培训专家报告较多,所以 2015 年的培训以到优质学校进行沉浸式培训为主。基于省内学校大多数"三名"工程人选已学习过、参观过,且省内学校推行素质教育存在"两张皮"现象,而江苏省近年来在推进素质教育以及均衡发展方面走在了全国的前列,内涵发展远比山东的学校务实、深刻,所以自 2015 年春天以来,我几次向领导申请择机考察江苏名校,学习其办学经验。

二、活动内容

活动中,我随培训团队参观考察了雨花台中学、金陵中学、洋思中学、锡山高中、天一中学、苏州十中六所在江苏省享有盛名同时在全国有一定影响力的中学。

（1）听取了雨花台中学校长穆耕森、洋思中学校长秦培元、锡山高中校长唐江澎、天一中学校长沈茂德、苏州十中校长柳袁照的专题报告。

（2）聆听了江苏省教育学会会长杨九俊的专题报告。

（3）听取了洋思中学副校长、金陵中学工会主席对所在学校的情况介绍。

（4）观摩了以上六校的课程活动室、创新实验室、校史馆、生态园、图书阅览室等。

（5）观摩了雨花台中学、洋思中学、天一中学六节富有生机与活力的公开课。

三、收获与启示

（一）铁面执纪，强力推进教育均衡发展，为促进学校内涵发展创造平等竞争的环境

江苏省目前是我国真正实现教育均衡发展的少数省份之一。江苏省的幼儿园、小学、初中、高中均划片招生，只允许个别名校招收一定数量的特长生。学生数与班额都符合规定，如天一中学不到 3 000 名学生分布在 67 个班；全国闻名的洋思中学被江苏省教育厅特批延迟两年退出跨区域招生，目前在校生 1 500 多人，已经没有了寄宿生，餐厅、宿舍闲置至今。校长们介绍，在江苏省，没有一家独大的"超级牛校"，以考入清华、北大的学生为例，最好的学校一年也不会超过 30 人。强力推进教育均衡发展使小班额教学成为现实，减少了无序竞争带来的内耗，学校之间的差距缩小了，形成了百舸争流、万马奔腾的可喜局面。

（二）旗帜鲜明，全面提升学生的综合素质

锡山高中在对校史上"十大训育标准"的悟读中，将培养和谐而全面发展的人定为培养目标，将"对人生命的成全"确定为学校的终极价值追求，并努力体现在每一个教育细节中。锡山高中忠实执行普通高中课程方案，坚持上好每一门课程，坚持对每一门课程进行精微解读和精细实施，努力让每一个教学活动都有明确的指向、确定的标准，特别是"每天一节体育课，天天锻炼一小时"在这所高中成为生动的现实。基于课程标准的教学实践，使锡山高中的教学质量大幅提升。

（三）文化育人，让学校文化成为师生成长的强大精神力量

六所学校将教育作为事业来追求，着重塑造校园文化，努力使校园成为学园、乐园和师生成长的精神家园。享誉全国的金陵中学、位于苏州织造署旧址的苏州十中、信奉"没有教不好的学生"的洋思中学、以"诚敏"为校训的锡山高中，

都自觉践行"三风一训",注重优秀文化的传承。钟灵毓秀的江南文化使一代代学子耳濡目染、茁壮成长,从这里走出的陶行知、杨绛、李政道、厉以宁、吴敬琏、戴安邦等闻名全国。

(四)师德为先,能力为重,着力打造一支素质优良的教师队伍

教师群体的专业生活方式决定着教育的质量,这些学校都无一例外地强化对教师专业发展的引领。锡山高中通过教师读书工程来提升教师的专业品质;雨花台中学倡导教师每天开展"三个一"活动,即给学生一个微笑、讲一句鼓励的话、找一个学生谈心。江苏省建立了一系列富有成效的推进教师专业成长的机制。例如,自1989年开始的江苏省"教海探航"征文活动已经成功举办了27届,成为促进全省中小学教师队伍建设特别是名师培养的品牌活动;无锡市教师技能大赛已开展了14届,内容包括主题演讲、微型课展示、板书设计、专长展示、素质考核、成果汇报等项目,充分展现了教师精湛的业务能力和卓越的教学风采。江苏省还建立了"长三角地区中小学班主任基本功大赛"等区域交流平台,名师工作室的开展也风生水起、各具特色。

(五)精诚服务,切实发挥好校内外资源的功能与作用

毋庸讳言,这六所学校都是名校,都有一流的硬件设施,但让我们印象最深刻的却是学校为学生、为老师、为家长精诚服务的思想和意识。如雨花台中学为每个班安装网络电视,提供大量精品学科教学、课外拓展等资源,学生在自习及课余时间可随时点播观看。

(六)教育家办学效益凸显,校长对教育理想追求的程度决定了办学的高度

每一所名校背后都有一位心怀高远、执着坚忍的优秀校长。考察的六所学校中曾有五位校长为培训班做专题报告,他们无一例外都是特级教师出身,是江苏省乃至全国享有名望的卓越校长。听报告时,学员为五位校长炽热的教育情怀、强烈的责任担当、辩证的思维方式、海纳百川的宽阔心胸、久久为功的务实作风所折服。优秀校长展示的强大个人魅力如同磁场,凝聚人心干事创业;也如同一部生动的教科书,让师生读后受益终身。

2015年10月28日

为教师的事业与人生添彩
为学生的发展和幸福奠基

一、基本情况

作为 2017 年山东省农村义务教育薄弱学科教师技能培训六个项目县之一，阳信县共有音乐、美术及小学英语三个学科参训教师 275 人。自 2017 年 2 月 25 日开班以来，进行了八次集中培训加暑期四天培训。专家、志愿者共计送教 330 余人次。

二、工作措施

一是领导高度重视。阳信县教体局先后召开局党委会、行政办公会进行专题研究，成立了项目领导小组，组建了八个职能工作组。局长王玉军在年初全县教育工作会议上对该培训工作做出专门部署。

二是确保全员参训。当前全县在编在岗的小学学段英语及义务教育学段音乐、美术专业全部专、兼职教师都参加了本次培训。

三是精心提供保障。我们集中安排三个学科的教师在国家级重点职业中专——阳信县职业中专进行培训，多媒体教室、舞蹈房、键盘室、钢琴房、画室满足了培训需求，教师的饮用水、午餐也得到了有效保障。专家、志愿者入住的酒店功能齐全，确保了备课、研讨的顺利进行。

四是严格过程管理。完善了各项管理制度，制定了学员守则、考勤、师训干部值班巡查、班委会职责分工等制度。学员的出勤情况、精神面貌、学习成效等情况及时公布。项目办公室召开了两次意见征询会、两次工作调度会，组织了两次美术学科外出写生活动，先后下发过程性文件八份、情况通报两期。

五是加大资金投入。先后投入 15 万元，新装舞蹈教室一间，购置了石膏模型，为美术教师配备了写生包及笔墨纸砚等耗材，为音乐教师订购了舞蹈服、舞蹈鞋,为英语教师配备了录音设备,为全体学员统一安排午餐并发放交通补助。

六是完善评估机制。根据培训方案,无正当理由不参加全员培训的本学段学科教师,三年内不得评优树先,不得晋升职称,不得参加县级以上教学能手、学科带头人、名教师及优质课评选。培训的组织实施情况及工作成效分别纳入年度对各乡镇(街道)学区、县直有关学校的综合督导评估范围。

三、取得成效

一是广大学员精神面貌焕然一新,专业技能有了显著提高。特别是一些专业荒疏的年长教师,被重新唤醒了专业发展的自觉。他们聚精会神,积极投入,参训热情高涨,专业水平显著提升。

二是新闻宣传工作业绩突出。阳信县的培训方案、新闻稿件及工作简报多次被山东省教育志愿者服务网采用。

三是各级领导对该次培训工作给予了大力支持。省项目办、市教师工作科领导多次给予针对性指导。

四、特色与创新

一是专业引领贯彻始终。引导广大教师明确本次培训的意义和价值,以培养高尚师德、培育敬业爱岗精神为先导,将唤醒广大教师的专业发展自觉、培育敬业爱岗精神的内驱力与专家引领、名师带动的外引力有机结合。

二是整合利用本地培训资源。阳信是全国"鸭梨之乡",在第四次集中培训时安排了美术教师到万亩梨园写生,暑期到淄川区峨庄美术基地写生。

三是培育培训文化。县项目办公室经过多次论证,提出了"改变学科薄弱,首先提升自我"的培训口号,由骨干参训学员主创设计了训徽和主题歌,编印下发了人手一册的《学员手册》,使培训方案、组织要求、联络方式等一目了然,同时可兼做培训记录。

四是坚持提升技能与涵养理论并重。"没有反思就没有成长",我们要求广大教师坚持撰写训后反思体会,引导他们将感性与理性相统一,逐步从经验型向科研型教师转化。自开班以来项目办先后编发培训工作简报12期,刊发新闻纪实、学员心得体会文章共计103篇。

五、意见与建议

一是建议完善志愿者的遴选机制。

二是建议增加项目县之间的工作交流。

山东省农村义务教育薄弱学科教师技能培训项目是山东省教育厅准确研判农村教师队伍现状做出的一项战略部署,是基于教师实际需求,统筹优质资源、弥补师资短板的创新性实践。我们要以本次中期总结为契机,认真聆听专家的意见、建议,学习先进县区的工作经验,慎始而敬终,力求使培训效益最大化,让更多老师爱上培训、享受培训,把专业技能提升的成果最终转化为莘莘学子的核心素养,不负各级领导的重托和期望!

（本文为2017年7月20日笔者在山东省农村义务教育薄弱学科教师技能培训项目中期总结会上的工作汇报文稿）

阳信县中小学教师队伍建设改革调研报告

百年大计教育为本,教育大计教师为本。教师队伍建设始终是教育工作的关键环节和核心要素。为进一步加强全县教师队伍建设,促进教师队伍优化配置,近日我带领阳信县师训办工作人员,采取访、问、听、看、查等形式,对全县教师队伍建设情况进行了认真、细致的调研,现将调研情况报告如下。

一、基本情况

全县共有中小学 31 所,其中高中 2 所、初中 15 所、九年一贯制学校 1 所、小学 12 所(含县直小学 2 所、中心小学 10 所,教学点隶属于中心小学)、特殊教育学校 1 所。共有教学班 1 054 个,其中有高中教学班 110 个、初中教学班(含九年一贯制学校)247 个、小学教学班 697 个。共有中等职业学校 1 所、幼儿园 21 所。

全县共有在校生 49 050 人。其中,高中在校生 6 750 人,县直初中学校在校生 878 人,农村初中在校生 9 789 人,九年一贯制学校在校生 4 500 人,县直小学在校生 2 753 人,农村小学在校生 24 380 人。

全县在编教职工共 3 729 人,其中高中教师 601 人,初中教师 1 195 人,小学教师 1 905 人,特教学校教师 28 人。

近年来,阳信县立足于"科教兴县"发展战略,切实加强教师队伍建设,为全面推进教育事业持续、均衡发展提供了强有力的师资保障。一是重视师德师风建设,把加强师德师风建设纳入学校工作目标管理,与学校的量化管理、业绩奖励挂钩,通过努力,全县教师的职业道德水平明显提高。二是加大对教师的培训力度,依托全员远程培训和校本研修培训,提高教师业务素质。为了缓解教师数量不足的问题,2017 年全县招录了 99 名教师,2018 年计划招聘 110 名教师,为教师队伍增添了新生力量。

二、教师队伍存在的突出问题

（一）教师总体数量仍显不足，教师队伍区域结构不均衡

（1）为保证教育教学需要，全县共聘用临时代课教师226人。这部分聘任人员流动性大，有的家长反映孩子才读小学三年级就已换了七八个老师。

（2）教师资源不足和教师资源浪费并存，教师资源配置不合理。一方面，近年来，部分农村学生大量涌入城市，导致农村教师相对过剩，县直学校教师相对紧缺。另一方面，县城周边条件较好的农村中小学校，教师配置超编，而农村偏远学校教师缺编，教师在区域分布上严重失衡，存在突出的供需矛盾。

（二）教师队伍素质偏低，难以满足新课改的需要

（1）阳信县有部分教师是民师转正、代课教师，特别是在农村小学居多。这部分教师普遍学历不高、专业基础差，没有接受过系统的专业教育，教学理念陈旧，教学方法落后，教育技术缺乏，甚至出现上不了课的现象，学生不喜欢，家长不满意，社会不认可，直接影响我县教育教学质量的提高。

（2）非专业教师任教现象严重。被调研的几所中小学音乐、体育、美术、信息技术、综合实践、心理健康专任教师都不够用，据统计，全县缺音乐专任教师60人、体育专任教师58人、美术专任教师50人、信息技术专任教师45人、综合实践专任教师53人、心理健康专任教师50人。有的学校让其他学科教师兼任或招聘临时教师任教，很难达到专业教师的教学水平。

（3）教师外出学习机会少，县级以上培训分配名额少、形式单一，校本培训实效性不高，致使部分教师教学理念得不到更新，教学方式单一、呆板，缺乏积极的课改意识，难以适应课程改革的需要。

（三）部分教师存在责任心不强等现象

少数教师职业道德意识淡薄，工作中缺乏热情，不重视自身素质的提高，存在教育精力投入不足、教学态度不够严谨等问题，从而导致教学质量不高。有的教师施教行为不端，对学生缺乏爱心、耐心，方法简单，态度粗暴。有的教师自律意识不强，自身形象不佳，纪律松弛，作风涣散。

（四）教师队伍学科结构不均衡，教师年龄结构不合理

（1）学科结构不配套。总体上看，阳信县各学校基础学科教师基本能够满足需求，音乐、体育、美术、外语和计算机专业教师缺编严重。许多学校的音乐、体育、美术学科不能开足课时或由其他专业教师改学科、招聘临时教师任课，跨学科教学、非专业教师任教的现象严重，致使有些课程形同虚设，直接影响教学质量。其中农村中小学的状况尤为严重。据调查，有的学校总体上教师不缺编，但部分学科教师偏多，而有些学科却无专业对口教师。

（2）教师队伍年龄老化。这种现象在农村小学中尤为突出，年龄状况呈倒金字塔结构分布，学段越低教职工年龄越大，老、中、青梯队结构不合理，令人担忧。

（3）部分学校实行寄宿制，缺少工勤人员，食堂、宿舍只能雇人管理，增加了学校的开支，加重了学校的负担，增加了安全隐患。各寄宿制学校急需校警、校医和心理健康教师。

三、对加强教师队伍建设的几点建议

（一）进一步推进人事制度改革，科学配置教育资源

（1）县政府要建立健全教师队伍建设制度和人事管理制度，有关部门要重新核定中小学教职工编制，对编制实行动态管理。在实行城乡统一的中小学编制标准的前提下，也要充分考虑全县许多农村学校教学点分散、教学班较多、学生偏少的实际，以教学班数量、课程设置和寄宿制学校实际为依据，采取师生比和班师比相结合的编制核定方式，设立小规模学校编制最低保障数，科学、合理地核定和使用教师编制。要打破学校界限，对全县现有教师资源进行合理配置，按学校实际情况核定教师编制，按学科、依专业配备教师，真正做到用有所专、教有所长，促进教师资源的均衡配置。

（2）建立教师退出机制。建议对男满55周岁、女满50周岁，因身体原因不能胜任教学工作的教职工，实行内部退养，不再占用编制；对因长期有病不能继续从事教学工作的教师，按照国家规定办理病退手续，退出教师岗位，为教师的调配补充提供人员编制空间。

（3）建立科学、有序和稳定的教师队伍补充长效机制并注重组织实施。县政府要根据教学实际需求，逐年有计划地从师范类院校毕业生中招录教师，尽量补齐每年自然减员人数，尤其要优先满足薄弱学科和紧缺学科的教学需要，解决当前教师队伍在年龄、性别、学科上布局的不合理问题。

（4）建立健全城镇中小学教师到农村任教制度，开展城乡结对，建立对口支援关系。制定政策，有计划、分期、分批组织城镇教师特别是优秀教师到农村中小学尤其是薄弱学校任教或支教，并在奖励、津贴、晋职、评优等方面给予优先考虑。

（5）完善教师职务聘任制度，实行专业职务聘任常态化。部分学校因为中高级岗位满员，使年轻教师无法晋升职称，严重挫伤了年轻教师的工作积极性。今后要合理核定聘任比例，提高中小学中、高级教师的职称聘任比例。同时适当提高农村教师的待遇，以此来稳定农村教师队伍。

（二）加强领导，注重培训，切实提高教师队伍的整体素质

（1）加强领导，健全机构。县政府要高度重视教师队伍的培训工作，统筹谋划全县教师队伍的培训工作，形成由县教体局规划指导、教体局各相关科室密切

配合、各学校积极参与、教育评价中心跟踪评估检查的培训机制,确保培训质量。

（2）专兼结合,加强培训师资队伍建设。建立由名师、名校长和教学能手组成的专兼职相结合的、高水平的教师培训师资队伍,充分发挥其指导学校开展教研活动和培训教师的作用。

（三）多措并举,不断提高教师的教学水平

（1）加强对新教师的培养。采用骨干带教、专家讲座、技能评比、观摩研讨等多种培养方式,有步骤地开展新教师的岗位培训,促使他们尽快成长、尽早胜任。

（2）注重培养青年骨干教师。遴选一批学科基础扎实、具有创新能力和突出发展潜力的优秀青年教师,作为学科带头人、教学名师的后备力量,对其重点培养,使之成为教师队伍的中坚力量。

（3）实施优秀教师的培养工程。大力开展以提高全体教师素质为主的“提升工程”、以骨干教师培育为主的“名师工程”及“青蓝培养工程”。下大力气,加大投入,力争在5～10年内培养一批在全县具有一定影响力和知名度的学校管理专家和学科名师,让他们在教师队伍中发挥骨干示范作用,从而带动全县教学水平的整体提高。

（四）进一步加强师德师风建设,增强教师爱岗敬业的责任感

（1）建立制度,规范教师的师德。将师德表现作为教师考核、聘用、评价的首要内容,实现师德教育的制度化、科学化、经常化,增强师德教育的实效。

（2）利用舆论监督约束教师的育人行为。定期开展学生、家长和社会对教师满意度的测评,教体局相关科室要经常深入学校,检查指导师德师风建设情况,及时发现和表彰先进典型,解决存在的问题,不断塑造教师队伍的良好形象。

（五）建立健全激励机制,营造和谐的教师成长环境

（1）合理地制定绩效工资实施方案,完善绩效工资的激励机制。充分发挥绩效工资的作用,调动广大教师工作的积极性;进一步完善竞争上岗制度,逐步建立职务能上能下、人员能进能出的教师管理新机制,为教师全身心地施展才华提供广阔的舞台。

（2）以人为本,营造和谐的教师成长环境。要不断改善教师工作、生活、学习条件,关心教师的身心健康,每年为教师进行一次健康体检。建立专项的教师激励基金,每年政府要对优秀的教师和先进教育工作者进行表彰,以激发教师的工作热情。

2018 年 4 月 25 日

改革开放后阳信县推进教育干部、教师专业发展的实践探索与工作成就

改革开放后阳信县教育事业迎来大发展、大繁荣的历史时期,阳信县教育事业经历了恢复整顿、校舍改造、改革增效、奋斗"两基"、落实"两全"、质量振兴、内涵发展等几个重要阶段。40多年来,阳信县历届县委、县政府领导集体高瞻远瞩,实施"科教兴阳"战略,突出教育优先发展的战略地位。教体局党委励精图治、干事创业,团结带领全县师生员工全面推进素质教育,全面提高教育教学质量,树立了经济欠发达县区教育事业超常规发展的典范。随着"阳信教育现象"声名鹊起,全县师资队伍建设、教育干部和教师专业发展进入了全面、协调、可持续发展的新时期。

一、推进教育干部、教师专业发展的探索与实践

改革开放40多年是阳信教育事业大发展的40多年,更是几代教育人持续奋斗、奉献创业的40多年。40多年来,在阳信县教体局党委的带领下,为提升教育干部、教师专业素质,提高学校管理水平,全面提高教育质量我们进行了艰辛探索。

(一)优先提高教育干部素质,实施校长素质提高工程

校长是学校的领导者、管理者,"一位好校长就是一所好学校"。改革开放以来,教育事业的发展对中小学校长的综合素养提出了新的要求,随着《关于加强全国中小学校长队伍建设的意见(试行)》《中小学校长培训规定》等文件的出台,校长培训工作得到上级主管部门的普遍重视。"十五"期间,全县有90名中小学校长参加了省、市级岗位培训,70名中小学校长参加了省级专业培训。"十一五"以来,全县先后选派13人参加了全省高中校长任职资格培训,选派131人参加了全市初中、小学校长任职资格培训,择优推荐25人参加了国家级、省级骨干校长培训,推荐18人参加了全省农村中小学校长素质提高培训。2012—2013

年,136 名中小学校长、副校长参加了全市中小学校长远程培训。2014 年,100 名中小学校长、副校长、后备教育干部参加了全国中小学校长远程培训。

除选拔校长参加上级主管部门组织的校长培训外,阳信县教体局根据对教育形势的研判,结合本县实际,开展了一系列富有成效的培训工作。1999—2009 年,先后选派 89 名中小学校长分三期在阳信镇中学等四个学校开展县内名校挂职培训。2010 年 3—5 月,先后选派 27 名中小学校长分别到邹平、博兴两县的 14 所优秀中小学进行市内名校挂职培训。2012 年 3—5 月及 2014 年 10—11 月,分五批组织 72 名中小学校长分赴潍坊广文中学、青岛经济开发区实验初中等六所学校进行为期一周的省内名校挂职培训。2006—2008 连续三年举办教育干部暑期培训班。2010 年 4 月和 7 月,选派 52 名小学骨干校长和 46 名中学校长、教委主任等分别到北京师范大学、华东师范大学参加高级研修。2015 年 4 月,与联想集团合作,举办"领导力内涵建设"论坛,100 名中小学校长参训。

(二)以师德为先导,以师能为核心,以晋职为动力,强化队伍管理

建设师德高尚、业务精湛、结构合理、充满活力的高素质专业教师队伍是教育事业兴旺发达的关键。阳信县教体局始终将师德建设放在队伍管理的首位。1997 年后,随着国家教委、全国教育工会重新颁布《中小学教师职业道德规范》,阳信县教体局先后组织了报告会、征文比赛、文艺演出、演讲等形式多样的教育活动,深入践行教师职业道德规范。21 世纪初,开展了向孟二冬、方永刚等全国英模学习活动。2008 年后,结合《中小学教师职业道德规范(修订)》的学习,相继组织了"师德建设年""师德建设提高年"等活动,开展了"六比六看六反思""解放思想、追求卓越、永续创新""爱岗敬业,争先进位"等解放思想大讨论活动,出台了《阳信县教师职业道德十不准》,着力解决师德建设方面存在的突出问题,引导广大教师树立正确的职业理想。2014 年 9 月 9 日,习近平总书记"做党和人民满意的好老师"重要讲话发表后,做"四有好老师",学习"最美教师"等活动将阳信县师德建设不断推向深入。

1986 年,根据省委、省政府《关于贯彻〈中共中央关于教育体制改革的决定〉的意见》精神,阳信县实行分级办学、分工管理的教育体制,农村小学改为村办或联办,乡镇主管;农村初中改为乡镇主办,县主管。1993 年《中国教育改革和发展纲要》颁布后,全面落实"校长负责制",改革学校内部管理运行机制,实行教师聘任制和结构工资制,构建"多劳多得、优教高酬"的分配制度,进一步优化教育结构,全县精简教师 1 307 人。1996 年,全县对 1993 年 12 月 31 日以前在岗的 3 490 名教师实施教师资格过渡政策。2005 年后,贯彻《国务院关于基础教育改革与发展的决定》精神,落实以县为主的教育管理体制。2006 年 1 月,县教育局

制定出台《阳信县中小学教师管理暂行办法》;2月,县教育局与县监察局联合出台《阳信县中小学教师违规违纪处分办法(试行)》,对中小学教师违规违纪行为出台具体的处分规定。

1988年,全县教师开始职称评审工作,6月评出中学高级教师27人、中学一级教师161人、中学二级教师372人、中学三级教师233人、小学高级教师205人、小学一级教师437人、小学二级教师135人。2013年1月,开始实行职称制度改革和过渡。至2015年,全县共有正高级教师1人、高级教师654人、一级教师1 929人、二级教师1 527人、三级教师110人。

(三)重在全员专业提升,实施教师远程研修工程

改革开放初期的教师专业提升,内容以学历提高、教材教法过关、"三字一话"、规范课堂教学等为主;形式以集中讲授辅导、考取合格证书为主;培训师资主要由阳信县教师进修学校、教研室安排;领导管理机构挂靠在自考、成教等科室。阳信县先后于1996年、1997年、2002年组织了三次全县中小学教师教育理论与教材教法过关考试。随着时代的发展,社会对教师的业务素质、专业素养要求越来越高,互联网技术的应用和普及使大规模的教师全员培训、专业系统培训成为可能。自2002年开始,阳信县全面实施"洗脑、借脑、富脑"工程,广大教育干部、教师系统学习《中共中央 国务院关于深化教育改革,全面推进素质教育的决定》《国务院关于基础教育改革与发展的决定》等文件,以新的教育价值观、质量观指导课程改革与教育教学实践。

2004年,阳信县小学、初中、高中三个学段起始年级整体进入基础教育课程改革实验阶段。县教育局按"先培训,后上岗,不培训,不上岗"的工作原则,对相关教师进行上岗培训和提高培训。2004年,全县参加各级各类课改培训的教师为1 936人次。2006年暑假,阳信县教育局组织高中、初中、小学三个学段教师参加了新课程培训,之后组织了中小学教师新课程师资培训统一考试。2007年4月1日到9月30日,县教育局举办了三期全县初中、小学教师骨干培训,每期脱产学习两周,培训语文、数学、生物、化学、英语学科教师共351名。

2008年,全县中小学教师注册登记山东省中小学教师信息管理系统,全县共有注册学校95所,注册教师3 663人。自此所有的省级网络研修都利用此管理系统进行,自动记录教师继续教育学分情况,教师继续教育日趋规范。自2008年至今,借助于山东省教师教育网,阳信县教育局每年利用暑期组织高中、初中、小学、幼儿园各学段教师进行全员远程研修,教师的专业素养得到大幅提升。

2004年以后,阳信县教育局逐步建立起校本培训制度,以学校为基本单位,

以教师的专业化发展和教育教学改革的实际需要为目的,突出参与的广泛性、培训的目的性和工作的实效性。

(四)致力于提高学历层次,实施教育硕士化工程

20世纪80年代,全县教师队伍基本状况是数量不足、业务水平偏低、民办教师比例过大、学历达标率低。1985年,阳信县有教职工3 445人,其中公办教师有1 715人,民办教师有1 730人。专任教师学历达标率分别为:高中19.42%、初中13.58%、小学17.76%。

自1985年开始,国家按照"关、转、招、辞、退"的五字方针逐步解决民办教师问题,到2002年,全县民办教师问题已全部解决。1987年,为了解决教师学历不达标的问题,阳信县教育局组织开展了中小学教师业务培训及专业合格证考核工作,至1991年,全县不具备合格学历的中小学教师全部获得了专业合格证书。1996年底,全县98名高中教师取得了"三沟通"本科学历,435名初中教师取得了"三沟通"专科学历。

2000—2002年,52名高中教师参加了山东师范大学、北京师范大学在滨州地区举办的硕士研究生培训班。2002年,开设中小学教师自学考试,到2006年,共567名中小学教师参加自学考试,330人取得本科学历。

2008年5月,县教育局实施教育硕士化工程,出台了《阳信县教育硕士化工程实施意见》等文件。7月,与曲阜师范大学合作开办全县第一期教育干部与骨干教师管理专业研究生课程进修班,招收学员79人,于2010年4月结业。2010年12月,与全国中小学教师继续教育网、东北师范大学签订联合办学协议,招收第二期教育干部与骨干教师研究生课程进修班学员203名,涉及教育经济与管理、课程与教学论等14个专业,175名学员按计划修完全部8门课程,20余人取得教育硕士学位,2013年6月23日举行了结业典礼。

(五)打造骨干教师队伍,实施"三名"工程

振兴民族的希望在教育,振兴教育的希望在教师。世纪之交,教育部全面启动"教育振兴行动计划",全国选拔千名骨干校长、万名骨干教师实施"跨世纪园丁工程"。2000年,阳信镇中学校长文宝忠参加了在华东师范大学举行的校长培训班;2001年,阳信县实验小学语文教师李淑芳参加了在吉林省教育学院举办的骨干教师培训班;随后,有20余人参加了各批次山东省中小学骨干教师培训。

近10年来,阳信县教育局先后推荐选拔200余名优秀中小学校长、幼儿园园长、班主任、任课教师参加了国家级及省级骨干培训。

自2010年开始,阳信县实施"名校长名班主任名教师"建设工程,经层层选

拔,推选出张海珍等90人为首批阳信县"名校长名班主任名教师"建设工程人选;11月30日,举行全县"三名"工程启动仪式暨专业成长论坛。随后出台了《阳信县"名校长名班主任名教师"建设工程方案》《阳信县"三名"建设工程人选培养管理办法》《阳信县"三名"建设工程人选协作组工作章程》及结对帮携等一系列配套文件和措施,先后在北京、青岛组织了两期集中培训,在济南、南京组织了两次分组培训。2010年12月,在全国最大的教育门户网站——中国教育在线网建立了阳信县"三名"工程博客群组;2014年12月,阳信县"三名"工程网站开通,搭建了更为便捷的学术交流平台。2014年2月,阳信县评选出首批"名校长"4人、"名班主任"4人、"名教师"13人。

(六)夯实专业发展根基,实施基本功培训工程

1996年至1998年,根据国家教委《关于印发关于开展小学教师基本功训练的意见》及省、地文件精神,阳信县对全县中小学教师开展通用基本功("三字一画":钢笔字、粉笔字、毛笔字、简笔画)和学科基本功培训活动,全县所有中小学教师持五证上岗。2000年4月,阳信县小学教师学科基本功训练顺利通过地区验收团的验收。2002年,全县中小学教师通过了山东省普通话水平测试。

2011年,阳信县出台了《关于进一步加强教师基本功训练,规范学生学习行为的指导意见》,在全县中小学及幼儿园教师中开展以普通话、三笔字、现代教育技术运用为主要内容的新一轮教师通用教学基本功培训。教体局编印下发了《新一轮教师基本功训练普通话测试培训读本》,全县有1 189名教师报名参加普通话测试。2011年12月,对全县556名教师进行了普通话、粉笔字、钢笔字、毛笔字、课件制作基本功抽测。2013年12月,全县教师开展了以"读写传承文明,经典浸润人生"为主题的经典诵读和规范汉字书写比赛。

(七)着眼队伍持续发展,推进新一轮教师教育基地建设工程

阳信县教师进修学校的前身为1970年成立的"五七"红校,其当时作为全县教育干部、教师培训基地,在改革开放初期做出了历史性贡献。自1979年到1982年,该校开办英语教师培训班、教师子女接班后进修班。1984年,经省教育厅批准,招收两年制中师学历离职进修班学员179名。1987年,开设高师音像班3个,学员48人;6个函授班,学员224人;离职进修班2个,学员78人。1988—1997年,相继举办高师音像班、中师卫星电视函授班、学历过关辅导班、教材教法短训班、校长岗位培训班等,累计培训1 800余人次。1993年9月,为整合教育资源,经县委、县政府批准,该校创办阳信县教师进修学校附属小学;1997年9月,其师训干训职能并入职业中专,形成"多个牌子、一套班子"的管理体制。

为充分发挥新形势下县级培训机构的职能和作用,在教育部及省市开展新一轮县级教师教育基地建设的大背景下,阳信县积极进行申报创建工作,以职业中专为依托,对教师进修学校等培训职能部门进行初步整合。2014 年 8 月,阳信县教育科研中心成立,为副科级全额财政拨款事业单位,所需师资由原教师进修学校等的教师资源整合而成。

二、教育干部、教师专业发展工作取得的成就

百年大计,教育为本;教育大计,教师为本。师资是立教之基、兴教之本、强教之源。加强师资队伍建设是教育工作永恒的主题。经过 40 多的持续奋斗,教育干部、教师专业发展工作取得了显著成就,一支师德高尚、业务精湛、结构合理、充满活力的高素质专业化师资队伍初步形成。

(一) 以校长为主体的教育干部素质明显提升

长期不懈、一以贯之的培训,使广大中小学校长能够准确把握教育形势,明确岗位目标责任,熟悉专业标准,规范办学行为,彰显工作特色,提升了校长的领导力,增强了班子的凝聚力,焕发了学校的生命力。通过培训,全县中小学校长更新了管理理念,拓展了教育视野,提高了教育实践和研究能力,对党的教育方针、政策及校长专业标准有了更深刻的领悟,从而确保了全县中小学沿着正确的方向前进。

(二) 教师职业道德水准有了改善

长期坚持抓师德建设,进一步倡树敬业、乐业、勤业、精业的教师职业形象,增强了广大教职工的责任意识、奉献意识、创新意识和发展意识。全县先后涌现出“全国民族团结进步先进个人”菅新刚,“全国师德标兵”、党的十七大代表王玉贵,全国模范教师赵维娥、王立新,“全国教育系统先进集体”河流镇中学等先进典型。

(三) 教师学历层次有了大幅提升

40 多年来,全县中小学教师的学历层次有了大幅度提升。根据 2015 年的统计数据,全县一线教师学历情况:具有研究生学历的有 88 人,占全县一线教师人数的 2.35%;具有本科学历的有 2 081 人,占全县一线教师人数的 55.49%;具有专科学历的有 730 人,占全县一线教师人数的 19.47%;具有中专学历的有 783 人,占全县一线教师人数的 20.88%;具有高中及以下学历的有 68 人,占全县一线教师人数的 1.81%。

(四) 教师专业能力显著增强

省教育厅自 2008 年开始组织一年一度的中小学教师暑期远程研修,阳信县精心组织,强化管理,隆重召开中小学教师全员远程研修启动暨上一年度研修总

结表彰大会,引导广大教师通过研修更新教育观念,破解教学疑难,提高技术手段,实现专业成长。自 2012 年高中、初中、小学、幼儿园四学段教师全部参加远程研修以来,阳信县连续三年荣获"山东省先进组织单位"称号,成为全市唯一的"三连冠"组织单位,工作经验被山东教师研修网等媒体多次报道。2016 年 5 月,在全省中小学教师研修管理员培训班上,县研修管理员、师训办副主任黄春燕被安排作典型经验介绍。

新一轮教师基本功培训,基于对教育新形势的研判,着眼于教师的专业成长和学生的未来发展,深入贯彻《基础教育课程改革纲要(试行)》精神,以提高教师的教学基本技能为先导,以普通话及书写水平测试及教育实践活动为载体,全面提高全县中小学、幼儿园教师的教学基本技能,规范学生的学习习惯和行为,夯实教师专业成长根基。

(五)骨干教师的示范引领作用明显

阳信县在滨州市率先实施的"三名"工程,采取了"校本培训为主、集中培训为辅、个人自主研修、导师结对帮促"的培养模式,建立了工程人选协作组定期交流制度,拓展了异地挂职、课题研究、送教下乡培养途径,2011 年 4 月,被确定为国家教师教育综合改革试验区试点项目。"培育阳光心态,引领职业幸福"的"三名"工程品牌理念对广大教师产生了强大的感召力,一批功底扎实、师德高尚、业绩突出的青年教师脱颖而出,产生了一批有较高学术价值和影响力的研究成果。青年教师王立新继荣膺中国教师研修网 2012 年度人物后,先后被聘为山东省中小学远程研修助学专家、国家教育行政学院远程培训首席专家,应中央电教馆邀请,两次担任全国信息技术应用能力提升工程培训班班主任,2014 年 9 月荣获"全国模范教师"称号。青年教师文玉燕、李俊芳作为省聘专家参加了研修指导和资源开发,工作成效受到省师资培训中心领导好评。青年教师张如意仅用一年时间就在《中学语文教学参考》等全国核心期刊发表教学论文 12 篇,被中学语文教育学会评为"百佳语文教师",两次被中国教育在线推荐为"博客之星"。

(六)县级教师教育基地建设效果凸显

县级教师培训中心成立以来,逐步落实编制、场所、设施、师资、经费等保障措施,努力向上挂高等学校,下联中小学校,"小实体、多功能、大服务"的现代教师学习与资源中心迈进,为全面提高阳信教育质量、建设人力资源强县做出了应有的贡献。

阳信县教师参加"国培计划(2012)"——县级教师教育基地培训者远程培训被评为优秀团队,工作成效受到省专家好评。2013 年 12 月,省教育厅教师工作处督导组对阳信县"基于教师提高而培训"的工作理念给予高度评价,对阳信县

"三名"工程、教育硕士化工程等自主培训项目所取得的成效给予充分肯定。

三、教育干部、教师专业发展的基本经验

（一）高端引领

阳信县教育干部、教师专业发展以"为阳信未来教育家奠基"为目标高地，以先进理念引领教育干部、教师专业发展，追寻教育幸福、职业尊严。无论是组织校长挂职还是组织教师培训，都力求站在教育发展的前沿，让他们与名师对话、与名校结缘。李烈、窦桂梅、肖川等著名专家，北京实验二小、华师大二附中、潍坊广文中学等名校，海尔集团、联想集团等知名企业都为阳信县教育干部、教师的专业成长提供了经验。

（二）改革创新

准确把握国家及省市教师队伍建设的政策、文件精神，同阳信的具体实际相结合，借鉴与创新并举，通过"引路子、搭台子、压担子、结对子"等方式，走适合县情的教育干部、教师专业发展之路。在全市率先实施的"三名"工程，坚持培养方式创新、考核评价创新、管理使用创新，构建了加速专业发展的长效机制，推动了骨干教师的健康成长。

（三）遵循规律

敬畏教育教学规律，遵循人才成长规律。骨干校长、骨干教师的选拔，坚持师德为先、能力为重，在比赛场上识人、选人，加快了教育干部、教师专业成长的步伐。

（四）公平公正

无论是对校长、教师的选拔还是对乡镇教育部门、学校的评价，都坚持公平、公正、公开，秉承"让合适的人参加合适的培训"理念，尽力让想发展的人有机会，让能发展的人有舞台，弘扬了正能量。

（五）求是求效

坚持实事求是，从阳信实际出发，做实功，求实效，不做表面文章，力戒形式主义。阳信县教育干部、教师首期研究生课程进修班结业后，针对工学矛盾、效益不高等实际问题，几经调研和论证，选择了与全国中小学教师继续教育网、东北师范大学合作，以远程为主辅以集中面授的教学方式，探索出了解决工学矛盾、提高培训成效的教师进修培训新模式，开辟了阳信县教育干部、教师学历提升和继续教育工作的新途径。

（六）群众路线

阳信县教体局工作人员时刻铭记"我是谁、为了谁、依靠谁"，不忘初心，自觉践行群众路线。培训方案的制定、考核评价的出台，都坚持从群众中来，到群众

中去,善于在一线教育干部、教师中寻找智慧、破解疑难。树立全心全意为教育干部、教师服务的宗旨,每年的暑期研修,全县参训教师达 2 200 人以上,工作人员克服时间紧、任务重、人手少的困难,从网上报名、信息录入、技术指导等各方面提供周到的服务,牺牲节假日都是常事。

师德和师能兼修　生命与使命同行

——滨州市阳信县实施"名校长名班主任名教师"建设工程的实践与探索

一、案例概要

自 2010 年 2 月,阳信县开始实施"名校长名班主任名教师"建设工程,培养周期为三年,目前完成了三个周期,已进入第四周期。先后研究出台了"三名"工程实施方案、遴选机制、培养管理办法及协作组章程;创设了主题词、徽标、会刊等核心文化;建立了一套促进人选脱颖而出、专业发展与作用发挥的培养机制。"三名"工程的实施,破解了阳信县教育干部、骨干教师、班主任专业发展的瓶颈,打造了三个系列示范标杆,激发了全县教师队伍专业发展的内生动力;通过结对帮携、送研送培等制度性安排,"三名"工程人选示范、引领作用日益凸显,激发了农村学校的新动能,促进了县域教育均衡,为经济欠发达地区教师队伍建设拓展了新路径。2011 年 4 月,"三名"工程被确定为国家教师教育综合改革试验区试点项目。2017 年 7 月,"三名"工程成果《制度设计与创新培养》《生命价值与教育情怀》由中国海洋大学出版社出版发行。先后涌现出全国模范教师、国家教育行政学院培训专家王立新,全国首批优秀乡村教师培养奖励计划人选董雯雯等先进典型。2017 年,阳信县有 1 人入选第二期"齐鲁名师"(中职系列)。2019年,在第三期"齐鲁名校长"、第四期"齐鲁名师"评选中,阳信县入选校长 3 人、教师 4 人,在省内引起了轰动。

二、主要内容

(一)"三名"工程基本架构

(1)核心文化。主题:师德和师能兼修,生命与使命同行。目标:传播先进理念、引领专业发展、奠基未来名家、追梦教育幸福。发展路径:理论提升、名家引领、同伴互助、自我反思。培养模式:校本培训为主、集中培训为辅、个人自主研修、导师结对帮促。文化载体:徽标、会刊《生命与使命同行》、论坛、《阳信县"三名"建设工程工作简报》及各种网络沟通工具。

(2)机制保障。县教体局成立了以局长为组长的"三名"工程领导小组,先后出台了《阳信县"名校长名班主任名教师"建设工程方案》《阳信县"三名"建设工程人选选拔程序》《阳信县"三名"建设工程人选培养管理办法》《阳信县"三名"建设工程人选协作组章程》等系列文件。建立了协作组定期交流制度,拓展了成长论坛、网络研修、挂职跟岗、课题研究等推进教师专业成长的途径。

(二)实施的重点环节

(1)人员遴选。"三名"工程人选实行低门槛进入、宽口径考察的严格遴选机制。有符合规定的学历与教师资格证、教龄满八年、担任校长或班主任满三年者均可自愿申报参加相应系列。以材料赋分+教育教学理论考试+管理能力测评三项总分排序,择优确定进入师德考核名单。"名教师"系列能力测评的形式是无生试讲,"名校长""名班主任"系列能力测评以答辩形式进行。师德考核合格者方可成为各系列"三名"工程人选。

(2)自主提升。注重以先进的教育理论武装教师头脑、指导教师实践,为工程人选配送《陶行知教育名篇选读》《给教师的建议》《教师的幸福人生与专业成长》《论语 大学 中庸》等书籍套餐。先后以厚植教育情怀引领专业发展、落实核心素养与打造高效课堂、阅读积累与赋能领航等为主题举办了六次专业成长论坛。工程人选分两批参加由曲阜师范大学、东北师范大学与我县联合举办的教育硕士培训进修班,在中国教育在线网站建立了阳信县"三名"工程博客群组,在阳信教育和体育局网设立"三名"专页,搭建了便捷、多元的学术交流平台。

(3)集中培训。分别于2011年8月、2014年4月、2018年7月与北京师范大学、华夏智慧研究院、浙江大学合作举办了三期专题培训。精心设计课程套餐,聘请了清华大学附属小学校长窦桂梅、北京师范大学教授肖川、国家基础教育实验中心副主任邬志辉等专家授课,组织学员到北京实验二小、青岛二中等名校以及海尔文化园、嘉兴南湖、鲁迅故里等研学基地考察学习。

(4)专题研修。2014年5月,与中国教师研修网合作,组织"三名"工程人选分系列参加了为期一年的网上远程研修,系统学习了《国家中长期教育改革和发展规划纲要(2010—2020)》、有关教师与校长的专业标准、教育教学基本理论,提升了教育教学能力。

(5)协作交流。协作组以"协作、交流、共享、发展"为宗旨,在坚持自主专业提升的前提下,注重发挥同伴互助作用,充分利用团队的人才优势、资源优势、信息优势,搭建协作共赢、和谐发展的交流平台,建构专业发展共同体。几年来,各协作组立足自身优势,先后围绕远程研修、好书分享、写作发表、课题研究、高效课堂、核心素养、信息技术、乡村振兴等开展了形式多样、务实高效的活动,有效推进了教师的专业发展。

(6)示范带动。根据培养管理办法要求,每位"名校长"人选联系一所农村薄弱学校,每位"名班主任""名教师"人选帮协两名青年教师或班主任,业绩纳入考核范围。

(7)重任锤炼。自2011年起,"三名"工程人选全部参加全省四个学段教师远程研修,除省聘专家外,其他人选分别担任指导教师、承担组织管理工作。自2017年始,已被命名的市县"名教师"全部担任新入职教师的专业成长导师,首席专家均由各学段"齐鲁名师"人选担任。2017年,阳信县被确定为山东省农村义务教育薄弱学科教师教学技能培训项目县,英语、音乐、美术学科的"三名"工程人选承担了协助教学与组织管理的任务。2019年阳信县的"讴歌新时代,共筑教育梦"教师节颁奖晚会,由"三名"工程人选担纲主创与主演,经过精心创作和反复排练,向全县奉献了有思想高度、有教育温度的文化大餐。

(8)重点培养。先后择优推荐18人参加省级以上骨干校长培训,推荐11人参加省级以上骨干班主任培训,推荐26人参加骨干教师国家级培训,推荐54人参加骨干教师省级培训。县教体局先后三次组织人选中的校长、中层干部赴潍坊、青岛、淄博名校挂职跟岗培训。

(9)动态管理。"三名"工程人选实行动态管理,重过程严认定,每一周期有届中考核与届满认定。考核与认定要根据阅读积累、观课议课、论文发表、课题研究、典型案例、支教帮携等方面的业绩做出综合评定。届满认定分三个层次:评定优秀者进行命名,评定合格者保留培养资格,评定不合格者取消培养资格。连续培养不得超过三届。截至目前,三届共认定"名校长"8人、"名班主任"17人、"名教师"62人。

(三)创新举措和基本经验

(1)坚持改革创新。把国家及省市有关教师队伍建设的政策精神同阳信的具体实际相结合,坚持改革创新。一是加强统筹协调,县"三名"工程领导小组成员包括相关科室负责人及分管局长,利于整合资源,形成合力。二是注重建立运行保障机制,创造性地建立人选协作交流、帮携带动、动态管理等制度,确保了工作高效运行。三是坚持知行合一,"三名"工程人选必须具备较深的理论功底和教育知识积淀,坚持用教育教学理论进行笔试选拔,看重课题研究与专业论文发表,更注重工作实绩与作用发挥,因此经过严格考核所命名的人选在业内非常有说服力。

（2）坚持文化浸润。实施"三名"工程，我们注重发挥培训文化的引领、浸润作用。工程实施之初，就确定了主题、目标、发展路径，创立了学术交流平台——会刊和简报，设计了会徽。"师德与师能兼修，生命与使命同行"的品牌文化已经成为"三名"工程人选的精神特质。

（3）坚持高端引领。注重高端引领对工程人选专业发展的作用。每一次都诚心选择合作伙伴，精心筛选授课专家，细心设计呈现方式。张思明、王建宗、成尚荣、杨瑞清、高金英等一批名师大家走进了"三名"课堂。先进的教育思想、顶级的专家资源、精细的组织管理让学员享用了一场场培训盛宴。我们尤其注重利用跨界资源为学员打开一扇扇天窗，海尔文化、联想内涵、鲁迅故里能让学员跳出学校看教育、跳出教育悟管理，嘉兴南湖研学让"三名"工程人选提高了站位、坚定了信仰。

（4）坚持师德为先。十年来，我们始终坚持"师德和师能兼修，生命与使命同行"的宗旨，把涵养师德作为"三名"工程人选专业发展的首要标准，人选选拔实行师德考评一票否决制。立德树人已成为"三名"工程人选的行为自觉。

（5）遵循育人规律。一是坚持实事求是，从阳信实际出发，做实功，求实效，走适合县情的专业发展之路。二是坚持公平公正，让想发展的人有机会，让能发展的人有舞台，让发展好的人有地位。三是发挥人选首创精神，通过"引路子、搭台子、压担子、结对子"等方式，让他们在教育教学管理一线发挥示范引领作用，在经历风雨中锻造筋骨，在解决疑难问题中展示才华。

（四）解决的主要问题

（1）唤醒了专业发展自觉。十年来，一批优秀教师和校长加速成长，他们德业双修、积极进取，在全县教育系统产生了强大感召力，唤醒了广大教育干部、教师的专业发展自觉。

（2）改变了行为方式。"三名"工程重视阅读积累的工作导向、宽进严出的选拔机制、协作共进的成长方式、积极健康的职业追求，改变了"三名"工程人选的工作、学习、生活方式与心智模式，广大教育干部、教师成了"三名"工程的积极追随者。

（3）引领了师德风尚。"三名"工程人选讲大局、讲担当、讲奉献精神得到深入践行，团结协作、共同成长、共同进步的师德风尚蔚然成风。

（4）促进了城乡均衡。"三名"工程人选牢记使命和责任，致力于传帮带。专业发展共同体的构建，推动了县域教育均衡和乡村振兴。

（五）取得的成效

"三名"工程实施以来，阳信县教体局先后组织了三次专题培训、三次分组培训,举办了六次专业成长论坛、45次协作组活动,出版专著《制度设计与创新培养》《生命价值与教育情怀》,编辑会刊《生命与使命同行》八期,印发工作简报85期。在"三名"工程搭建的平台上,各人选厚德博学,一批功底扎实、师德高尚、业绩突出的青年才俊脱颖而出。青年教师王立新继荣膺中国教师研修网2012年度人物后,被国家教育行政学院聘为全国中小学教师信息技术应用能力远程培训首席专家,2014年9月荣获"全国模范教师"称号。2018年,青年教师董雯雯入选全国首批乡村优秀青年教师培养奖励计划300人名单。青年教师张如意、张艳飞先后在《中学语文教学参考》《班主任之友》《班主任》《德育报》等报刊发表论文数十篇。青年教师孙婷婷致力于信息技术与课堂教学的深度融合研究,在全国各地做报告几十场。2019年5月,朱洪彬、齐爱军、南林入选第三期"齐鲁名校长"建设工程,刘明、王立新、张洪梅、宋立芹入选第四期"齐鲁名师"建设工程人选,2017年12月,吕秋月入选中职系列"齐鲁名师"建设工程人选。

2012年,"国培计划(2012)"——县级教师教育基地培训者远程培训中,阳信县教师在88个班中脱颖而出,被评为优秀团队。2012—2014阳信县连续三年被评为全省中小学教师全员远程研修优秀组织单位。

阳信县"三名"工程及教师队伍建设的实践经验也引起了各级领导和媒体的关注。国家教育行政学院全国中小学校长培训办公室主任于维涛欣然为"三名"工程成果集作序,山东省教育科学研究院教师发展中心主任许爱红等来阳信对"三名"工程给予了指导。山东省教育厅官网、《山东教师报》先后对阳信县进行了宣传报道。2019年6月,《现代教育》第12期刊发《乡村振兴·阳信专刊》。应山东省中小学师训干训中心邀请,陈辉作为40余个项目县中唯一的县级培训机构负责人主持《山东省薄弱学科培训项目丛书·总论分册》的编纂工作。2019年12月,省教师队伍建设评估调研组认为,阳信"三名"工程取得的业绩对于培训经费严重不足的贫困县难能可贵,已作为突出案例上报省教育厅。

(本文为2020年山东省基础教育优秀改革案例征集工作中滨州市推报材料)

县域教师专业发展体制机制建设助推乡村振兴

摘要:近年来,阳信县根据上级文件精神,结合本地实际,从构建教师专业发展学分银行、实施"三名"工程、启动新教师职初培养工程、组织薄弱学科教学技能培训、探索职前职后相贯通的培养体系等几方面积极探索推进教师专业发展的体制机制,提升了教师专业能力,促进了教育优质、均衡发展,为助推乡村振兴提供了人力支撑。

关键词:创新体制机制;提升专业能力;促进优质均衡;助推乡村振兴

阳信县地处山东省滨州市北部,总面积 793 平方千米,辖 7 镇 1 乡 2 个街道办事处和 1 个经济开发区,行政村 857 个,总人口 46 万。2018 年全县有各级各类中小学 88 所,在校生 59 608 人;有专任教师 3 888 名,其中乡镇学校教师2 602 人。全县教师职称构成是正高级教师 3 名,高级教师 695 名,中级教师1 661名;从学历构成看,具有研究生、本科、专科学历的教师分别为 103 人、2 571 人、572 人;以年龄结构分 30 岁以下、30~40 岁、41~50 岁、51~60 岁,各年龄段分别有 590 人、1 138 人、1 222 人、938 人。

一、研究缘起

由于历史与现实的种种原因,阳信县乡村学校教师除普遍存在年龄老化、结构性缺编等问题之外,还存在专业素质低、成长动力不足、职业倦怠等一系列问题,无法适应发展素质教育、实现立德树人根本任务的新形势。人民群众对公平且有质量的教育的迫切需求,促使我们突破体制机制的瓶颈,探索一条教师专业发展新路径。

二、县域教师专业发展体制机制建设的内涵和着力点

阳信县教师专业发展体制机制建设的内涵:构建学分银行,激发教师专业发展的内生动力;实施"三名"工程,打造教师专业发展的示范标杆;启动新教师职

初培养工程,培育教师专业发展的新动能;开展农村义务教育薄弱学科教师教学技能培训,弥补教师专业发展的短板;承担大学生支教实习任务,探索职前职后相贯通的培养体系。

阳信县教师专业发展体制机制建设,遵循教育规律和教师专业发展规律,注重厚积薄发,着力在构建教师专业发展体系上下功夫,在师德示范与师能引领上下功夫,在谋划长远上下功夫,在弥补短板上下功夫,在激发活力上下功夫。

三、县域教师专业发展体制机制建设的实践与探索

近年来,阳信县认真贯彻落实《中共中央 国务院关于全面深化新时代教师队伍建设改革的意见》(中发〔2018〕4 号)、《国务院办公厅关于印发乡村教师支持计划(2015—2020 年)的通知》(国办发〔2015〕43 号)和《省委办公厅省政府办公厅关于推进基础教育综合改革的意见》(鲁办发〔2014〕55 号)等文件精神,结合阳信实际,积极探索推进教师专业发展的体制机制,有效提升了教师专业能力,促进了县域教育优质、均衡发展,为乡村振兴提供了人力支撑。

(一)夯实根基,构建教师专业发展学分银行

在贯彻省市文件精神的基础上,阳信县出台了《阳信县中小学教师继续教育学分管理办法》。对校本培训、学区培训进行规范管理,增强培训实效。突出县级面对面培训,合理分配、设置管理权限,注重学用统一,将分属各有关业务科室实施的班主任培训、校长培训、中层干部培训、质量评价培训、学科教师业务培训等统一纳入教师继续教育学分系统统一管理,严格组织程序,将五年一周期的教师全员培训制度落实、落细,构建起了全县中小学教师专业发展学分银行。

(二)引领示范,"三名"建设工程向乡村倾斜

阳信县"名校长名班主任名教师"建设工程被确定为国家教师教育综合改革试验区试点项目。"三名"工程每三年一个培训周期,选拔时对乡村校长、教师单独安排指标。经过几年探索,该工程完善了主题、培养目标、徽标等,采取"校本培训为主、集中培训为辅、个人自主研修、导师结对帮促"的培养模式,制定了管理培养办法、协作组章程,规定每一位"名校长"人选联系一所农村薄弱学校,每一位"名班主任""名教师"人选帮携两名青年教师,建立了工程人选协作组定期交流制度,拓展了异地挂职、课题研究、送教下乡等培养途径。仅 2018 年就分七组开展了"支持乡村振兴 '三名'人选送培志愿服务"活动,受益教师达 600 余人。项目实施九年来,"三名"人选先后赴北京、青岛、杭州进行了三次专题培训,到江苏海门等地进行了三次分组培训,举办了六次专业成长论坛、45 次协作组活动,编辑工作内部刊物《生命与使命同行》八期,编发工作简报 85 期。2017年,"三名"工程教育实践成果集《制度设计与创新培养》《生命价值与教育情怀》

由中国海洋大学出版社出版发行。

（三）谋划长远,启动新教师职初培养工程

阳信县教体局出台了《关于实施新教师职初培养工程,加快专业发展的指导意见（试行）》,对新教师入职后三年的专业发展进行了"顶层设计"和制度安排。

一是明确目标原则。在优秀培训团队的浸润和导师的引领下,正确认识与迅速适应教师角色,形成良好的教育教学行为规范,强化教育教学实践能力,尽快胜任教育教学工作,为成长为"四有"好老师奠定基础。

二是注重专业引领。建立了入职宣誓、双导师、定期考核制度。为每名新教师配备一名人生规划导师和一名业务引领导师。人生规划导师由所在学校校长担任,业务引领导师由学校或学区同学科骨干教师担任。以乡镇（街道）学区为单位组建新教师专业发展导师团,在三年培养周期内导师通过师德评价、公开课、单项教育教学技能展示比赛等方式,每学年对新教师的专业发展情况进行一次考核评定。

三是科学规划培训。新教师入职后要参加为期一年的试用期培训,主要包括职业感悟与师德修养、课堂经历与教学实践、班级工作与育德体验、教学研究与专业发展四个方面,不少于 120 学时。入职后第二、三年每年参加不少于 72 学时的起步期培养。起步期培养要巩固试用期培训成效,着眼于课堂教学、班级管理、教育研究等方面的专业能力与素养,补齐短板,找准发展路径,激发发展潜能,实现由适应环境到岗位合格再向优秀迈进的跨越。

近几年来,阳信县教体局除组织好每年一次的新教师入职集中培训外,还研制发布了"阳信教师"徽标,分批次安排新入职乡村教师到县内教师培训基地跟岗,举办了两次新教师专业成长论坛,先后邀请山东省教育科学研究院教师发展中心主任许爱红、滨州学院教授陈秀珍等专家举办以入职适应与专业成长为主题的报告会。各学区、各学校通过组织通用基本功比赛、赛课、主题班会展示、读书沙龙等活动为新教师搭建了专业发展的广阔平台。山东省教育厅官网、《山东教师报》等媒体对阳信县的创新经验和做法进行了宣传报道。

（四）弥补短板,组织薄弱学科教学技能培训

阳信县被省教育厅确定为 2017 年"山东省农村义务教育薄弱学科教师教学技能培训"项目县,2016 年 10—12 月,精选义务教育学段音乐、美术及英语三个学科各 20 名"种子"教师分别参加了在北京师范大学、浙江师范大学、北京外国语大学进行的预备培训。2017 年 2—12 月,三个学科共 282 名教师参加技能培训。根据省项目办要求,我们除提供物质保障、严格过程管理、完善评估机制外,还在以下方面创新实践。

一是专业引领贯彻始终。引导广大教师明确项目的意义和价值,将唤醒广大教师专业发展的自觉、培育敬业爱岗精神的内驱力,与专家引领、名师带动的外引力有机结合。

二是整合利用本地培训资源。阳信作为全国"鸭梨之乡"及山东省美协主席张志民的家乡,举办了美术学员到万亩梨园写生,到"张大石头驿站"研学等活动。

三是构建培训文化。县"三名"工程项目办公室提出了"改变学科薄弱,首先提升自我"的培训口号,组织创编了训徽和主题歌,编印并下发了学员手册。

四是坚持提升技能与涵养理论并重。要求广大教师坚持撰写训后反思体会,引导他们将感性与理性相统一,逐步从经验型向科研型教师转化。自参加"种子"培训到项目结束,先后编发培训工作简报 25 期,刊发新闻纪实、学员心得体会文章共计 300 余篇。

(五)互利共赢,探索职前职后相贯通的培养体系

作为省级财政困难县,自 2016 年 9 月以来,阳信县累计有 40 余所农村中小学分六批承担了省内五所高校共计 764 名大学生的支教实习工作任务。一是为实习大学生提供优质的工作、学习、食宿条件。二是加强人文关怀,支教开始时组织迎新见面会,结束时安排欢送会,中秋、元旦等传统节假日组织联欢会。三是强化跟踪指导,为每位实习生配备一名指导教师,学校功能用房、教育实践、教学教研活动全方位开放,学区、学校、教研组分别从不同层次组织师德报告会、专业成长经验交流会、示范课、汇报展示课等引领实习生迅速适应工作环境,熟悉教学程序。四是以学区为单位创办《实习支教工作简报》,由实习学生编辑,为他们搭建感悟教育实践、推进专业成长、涵养教育情怀的平台。

近三年来,承担支教实习任务,不但有效缓解了乡村学校师资紧张的局面,而且改善了学校教师生态,激发了教师专业成长的活力。我们还利用高校的人才优势和资源优势,进行联合办学与课题研究,邀请师范院校资深教授为全县教育干部、教师作专家报告,开展职前教育、职业准入与职后培养相衔接的协同行动,积极探索职前教育和职后教育相贯通的培养体系,在源头上提高新教师质量。

四、取得的成绩与初步成效

一是教师专业发展的自觉性、主动性得以进一步激发。继续教育学分银行整合了教体局各业务科室的工作职能,实现了教师参加县级以上面对面培训,丰富了内容,拓展了空间,便利了组织,更能学用一致,因需施训,推进了教师专业成长。乡村教师具有本科以上学历的比例由 2013 年的 45.69% 提高到 2018 年

的 57.57%。

二是对乡村教师的引领作用更加凸显。"三名"工程的实施,使乡村学校的校长、教师坚定了信仰、拓宽了视野、激发了思考、启迪了智慧、提升了能力,涌现出全国模范教师、国家教育行政学院培训专家王立新,特级教师齐爱军、孙希山等乡村教师的先进典型,商店镇大韩小学青年教师董雯雯入选全国首批乡村优秀青年教师培养奖励计划 300 人名单。2018 年在竞聘成功的 7 个农村特级教师岗位计划中,有滨州名师 2 人、阳信名师 3 人、阳信名教师工程人选 2 人。2017 年阳信有 1 人入选第二期"齐鲁名师"(中职系列)。在 2019 年的第三期"齐鲁名校长"、第四期"齐鲁名师"评选中,阳信县入选 3 名校长、4 名教师。

三是新教师的职业认同度进一步增强。新教师职初培养遵循强化师德、注重实践、自主提升、文化浸润等原则,坚持政治上关怀培养、生活上关心体贴、业务上引领指导,绝大多数新教师都能迅速适应教师角色,教育教学行为规范严谨,扣牢了职业生涯的"第一粒扣子"。近年来阳信县新招考的教师有一半以上充实到乡村学校,其中 2018 年新入职的 108 名教师中有 62 人到乡村学校任教。一批批学科知识扎实、专业能力突出、教育情怀深厚的新教师源源不断地输送到乡村学校,为乡村教育振兴积蓄了力量。

四是薄弱学科教师师德水准与教学技能有了显著提升。经过一年多的培训,通过专家引领与志愿者的示范带动,广大学员为"奉献、友爱、互助、进步"的教育志愿服务精神与精细严谨的工作态度所感动,精神面貌焕然一新,师德水准有了提升,专业发展自觉被重新唤醒,专业技能有了显著提高。山东省相关领导、专家多次对阳信的组织工作和取得的成效给予高度评价,山东省教育志愿者服务网对阳信的工作经验多次进行宣传报道。

五是乡村学校师资紧张的局面得到有效缓解。受县域内师资分布不均衡、师资向县城流动、放开"二孩"政策等诸多因素影响,乡村学校师资紧缺。支教实习制度的推行,对乡村学校来说可谓雪中送炭,有效缓解了师资紧张状况。而且支教大学生与指导教师取长补短、互促共进,激发了指导教师的专业发展动力,给乡村学校带来了生机与活力。

五、当前的困难与思考

乡村学校教师的经费保障机制存有缺口。受县、乡两级财政状况所限,乡村教师交通补贴、生活补贴不能兑现,周转房建设迟缓,补充新教师的数量抵不上退休教师的数量,师资缺乏的现状仍无法彻底改变。

体制机制瓶颈制约。基础教育综合改革措施尚未落实到位,县级教育行政部门还没有对教师资源的统筹配置权限,城乡学校校长、教师交流机制还不顺畅,集团化办学、城乡学校发展共同体工作还局限在浅表层。

乡村教师专业发展的内生动力不足。部分乡村教师观念固化,工作标准不高,精神懈怠,工作责任心不强,不能胜任教育教学工作。临近退休教师不同程度地存在职业倦怠,青年教师群体往往敬业精神不够,团队意识不强,过分注重个人生活享受,有的教师甚至出现行为失范、以教谋私等违反教师职业道德的行为。

实施乡村振兴战略,是党的十九大做出的重大决策部署,是决胜全面建成小康社会、全面建设社会主义现代化国家的重大历史任务。让乡村孩子接受公平且有质量的教育是我们教育行政部门的庄严承诺!"雄关漫道真如铁,而今迈步从头越。"我们将进一步强化乡村教师队伍建设的优先发展战略地位,立足阳信实际,攻坚克难、创新工作,为努力造就一支下得去、留得住、教得好,数量充足、结构合理、素质优良、甘于奉献的乡村教师队伍,推动全县教育优质均衡发展而不懈努力!

（原文发表于《现代教育》2019 年第 12 期）

媒体报道

阳信县推进"三名"工程　开拓教师专业成长新路径

自2010年起,阳信县扎实推进"名校长名班主任名教师"建设工程。该工程培养周期为三年,目前已完成了三批培训。"三名"工程实施过程中,阳信县积极健全完善工作机制,创新性地开展活动,促进了教师素质的显著提升。

一、建机制,强保障

阳信县教体局成立了"三名"工程领导小组及其办公室,先后出台《阳信县"名校长名班主任名教师"建设工程方案》《阳信县"三名"建设工程人选选拔程序》《阳信县"三名"建设工程人选培养管理办法》《阳信县"三名"建设工程人选协作组章程》等系列文件,建立了协作组定期交流制度,拓展了成长论坛、网络研修、挂职跟岗、课题研究等推进教师专业成长的途径,为该工程顺利实施提供了坚实的体制机制保障。

二、严选拔,重提升

严格实行低起始门槛、宽口径考察的遴选机制,教师学历达标、教龄满八年、担任校长或班主任满三年者可自愿申报参加相应系列。通过材料赋分、理论考试、管理能力测评等方式择优确定进入师德考核名单的人选,经师德考核合格者方可公布为各系列"三名"工程人选。

该工程实施过程中,阳信县注重以先进的教育理论武装教师头脑、指导教师实践,为工程人选配送《陶行知教育名篇选读》《给教师的建议》《教师的幸福人生与专业成长》《论语　大学　中庸》等书籍套餐。先后以厚植教育情怀引领专业发展、落实核心素养与打造高效课堂、阅读积累与赋能领航等为主题举办了六次专业成长论坛,与北京师范大学、华夏智慧研究院、浙江大学合作举办了三期专题培训,并通过网上研修、外出学习等方式切实加强对"三名"工程人选的教育引导。

三、讲协作,抓管理

阳信县实行"三名"工程人选动态管理,重过程,严认定,每一周期均有届中考核与届满认定。考核与认定根据阅读积累、观课议课、论文发表、课题研究、典型案例、支教帮携等方面的业绩做出综合评定。届中考核不合格者会被取消培养资格,届满认定分优秀命名、合格保留培养资格、不合格取消培养资格三个等次,参加连续培养不得超过三届。截至目前三届共认定"名校长"8 人、"名班主任"17 人、"名教师"62 人。

为强化工程人选之间的交流,培养过程中,阳信县教体局指导人选成立协作组。协作组以"协作、交流、共享、发展"为宗旨,在坚持自主专业提升的前提下,注重发挥同伴互助作用,充分利用团队的人才优势、资源优势、信息优势,搭建协作共赢、和谐发展的交流平台,建构专业发展共同体。工作中,各协作组立足自身优势,先后围绕远程研修、好书分享、写作发表、课题研究、高效课堂、核心素养、信息技术、乡村振兴等开展了形式多样、务实高效的活动,有效推进了工程人选专业素养的发展。

阳信县"三名"工程的实施,取得了良好的示范带动效果,破解了教育干部、骨干教师、班主任专业发展的瓶颈,为促进全县教师队伍建设拓宽了新路径。2011 年 4 月,"三名"工程被确定为国家教师教育综合改革试验区试点项目。2017 年 7 月,工程成果集《制度设计与创新培养》《生命价值与教育情怀》由中国海洋大学出版社出版发行。先后涌现出全国模范教师、国家教育行政学院培训专家王立新,全国首批乡村优秀青年教师培养奖励计划人选董雯雯等先进典型。2017 年阳信有 1 人入选"齐鲁名师"(中职系列)。2019 年第三期"齐鲁名校长"、第四期"齐鲁名师"评选中,阳信县入选校长 3 人、教师 4 人。

(原文 2020 年 9 月 21 日发布于山东省教育厅网站)

阳信县实施新任教师三年培养工程
帮助教师打好底子起好步

本报讯（记者 白书强 通讯员 陈辉） 阳信县自 2018 年开始,将新任教师试用期集中培训拓展成周期三年的职初培养工程,对新任教师入职后的专业发展进行"顶层设计"。

在三年培养周期内,新入职教师将在优秀培训团队的浸润和导师的引领下,正确认识与迅速适应教师角色,形成良好的教育教学行为,强化教育教学实践能力,尽快胜任教育教学工作,为成长为有理想信念、有道德情操、有扎实学识、有仁爱之心的"四有"好教师奠定良好基础。

该县建立入职宣誓、双导师、定期考核制度,为每名新任教师配备一名人生规划导师和一名业务引领导师。人生规划导师由所在学校校长担任,业务引领导师由学校或学区同学科骨干教师担任。以乡镇(街道)学区为单位组建新教师专业发展导师团。在三年培养周期内,导师团通过师德评价、公开课、单项教育教学技能展示比赛等方式,每学年对新任教师的专业发展情况进行一次考核评定。

据悉,新任教师要参加为期一年的试用期培训,主要包括职业感悟与师德修养、课堂经历与教学实践、班级工作与育德体验、教学研究与专业发展等方面的内容,不少于 120 学时,以集中培训、校本培训、基地跟岗、远程研修、自主提升等形式组织实施。入职后第二、三年每年参加不少于 72 学时的起步期培养。起步期培养要巩固试用期培训成效,着眼于提高新任教师课堂教学、班级管理、教育研究等方面的专业能力与素养,助其补齐短板,找准发展路径,激发发展潜能,实现由适应环境到岗位合格再向优秀迈进的跨越。县教体局通过举办专业成长论坛、通用基本功比赛、赛课、主题班会展示、读书沙龙等活动为新教师搭建专业发展的广阔平台。三年培养周期结束,崭露头角的教坛新秀将被纳入人才库,择优推荐参加高层次业务比赛、教育实践活动和高端培训。

（原文发表于 2019 年 3 月 4 日《山东教育报》）

滨州市阳信县实施新教师职初培养工程

为深入贯彻落实《中共中央 国务院关于全面深化新时代教师队伍建设改革的意见》精神,阳信县教育和体育局面向长远,创新实践,自 2018 年开始将往年三天的新教师试用期集中培训拓展成周期三年的职初培养工程。日前,阳信县印发了《关于实施新教师职初培养工程,加快专业发展的指导意见(试行)》,对新教师入职后的专业发展进行了"顶层设计"和制度安排。

一是明确发展目标。在三年培养周期内,使新入职教师在优秀培训团队的浸润和导师的引领下,正确认识与迅速适应教师角色,形成良好的教育教学行为规范,强化教育教学实践能力,尽快胜任教育教学工作,为成长为有理想信念、有道德情操、有扎实学识、有仁爱之心的"四有"好教师奠定良好基础;并确立了强化师德、注重实践、自主提升、文化浸润等专业发展的几项基本原则。

二是注重专业引领。建立了入职宣誓、双导师、定期考核制度。为每名新教师配备一名人生规划导师和一名业务引领导师。人生规划导师由所在学校校长担任,业务引领导师由学校或学区同学科骨干教师担任。以乡镇(街道)学区为单位组建新教师专业发展导师团,在三年培养周期内导师团结合师德评价、公开课、单项教育教学技能展示比赛等方式,每学年对新教师的专业发展情况进行一次考核评定。

三是科学规划培训。新教师入职后要参加为期一年的试用期培训,主要包括职业感悟与师德修养、课堂经历与教学实践、班级工作与育德体验、教学研究与专业发展四个方面,不少于 120 学时,以集中培训、校本培训、基地跟岗、远程研修、自主提升等形式组织实施。入职后第二、第三年参加每年不少于 72 学时的起步期培养。起步期培养要巩固试用期培训的成效,着眼于提升课堂教学、班级管理、教育研究等方面的专业能力与素养,补齐短板,找准发展路径,激发发展潜能,实现由适应环境到岗位合格再向优秀迈进的跨越。县教体局通过举办专业成长论坛、通用基本功比赛、赛课、主题班会展示、读书沙龙等活动为新教师搭建专业发展的广阔平台。三年培养周期结束,崭露头角的教坛新秀将被纳入人才库,择优推荐参加高层次业务比赛、教育实践活动和高端培训。

四是增强职业认同。坚持政治上关怀新教师,以正面引领帮助新教师树立正确的世界观、人生观、价值观,引导新教师自觉融入学校大家庭,培育团队协作精神。信任、理解、包容新教师,以花苞心态期待新教师成长。坚持生活上体贴新教师,积极为新教师办实事、做好事、解难事。及时兑现"五险一金"、住房补贴以及乡镇工作补贴等各项待遇,落实教师年度体检制度,不断增强新教师的获得感。

五是贯通职前职后。作为省级财政困难县,自 2016 年 9 月以来,阳信县有30 余所中小学分五批共承担了六所高校共计 542 名大学生的支教实习工作任务。在提供优质的工作、学习、食宿条件,加强实习指导的同时,我们利用高校的人才优势和资源优势,为新入职教师和实习大学生举办了新教师专业成长论坛,邀请师范院校资深教授以"新教师的入职适应与专业成长"为主题做专家报告,遴选新入职教师和实习大学生代表分享交流专业成长经验。两个学区、一所县直学校与滨州学院签订联合办学协议,开展职前教育、职业准入与职后培养相衔接的协同行动,积极探索职前教育和职后教育相贯通的培养体系,在源头上提高新教师质量,使一批学科知识扎实、专业能力突出、教育情怀深厚的优秀人才被输送到各中小学校。

六是形成正向合力。引导教育干部和骨干教师提高思想站位,以打基础、利长远的战略眼光,以"功成不必在我"的精神境界,以为阳信教育未来负责的历史担当将新教师职初培养工作任务扛在肩上,抓在手中,落到实处。阳信县各有关部门、县教体局各职能科室,各学区、学校根据职责定位,立足引领和服务定位,构建了分工负责、齐抓共管的长效工作机制,形成了工作合力。

(原文 2019 年 2 月 3 日发布于山东省教育厅网站)

穷口袋不穷脑袋　阳信教育成名片

　　本报讯（通讯员　白书强　陈辉　黄春燕　　记者　张峰）　　阳信作为贫困县,虽然财政较为紧张,但在教育上的投入比例一直增加。近年来,"阳信教育"在滨州已经成为一种现象,吸引了其他县区甚至周边地区的生源。为了进一步提升教育质量,阳信县自 2010 年起实施"名校长名班主任名教师"建设工程。六年来,先后有 1 人受教育部、人社部联合表彰,2 人受省政府表彰,17 人受市政府表彰,涌现出众多教育新星。

　　教育大计,教师为本,师资是立教之基、兴教之本、强教之源。为造就一支师德高尚、业务精湛、结构合理、充满活力的高素质、专业化教师队伍,发挥骨干师资的示范、引领和辐射作用,在国家中长期教育规划纲要的引领下,自 2010 年 2 月起,阳信县实施"名校长名班主任名教师"工程,采取"校本培训为主、集中培训为辅、个人自主研修、导师结对帮促"的培养模式,三年为一个培训周期,积极探索,勇于实践,取得了显著成效。

　　为保障工程顺利开展,阳信县教体局成立了"三名"工程领导小组及办公室,先后出台了《阳信县"名校长名班主任名教师"建设工程方案》《阳信县"三名"建设工程人选培养管理办法》《阳信县"三名"建设工程人选协作组章程》等系列文件。建立了协作组定期交流制度,拓展了成长论坛、网络研修、异地挂职、课题研究等推进专业成长的途径,分别制定了三年专业发展目标和年度成长规划。

　　为促进工程人选提升素质,阳信县注重以先进的教育理论武装教师头脑、指导教师实践,为工程人选配送《陶行知教育名篇选读》《给教师的建议》《学生第二》《教师的幸福人生与专业成长》等专业书籍,要求他们积极开展读书活动,撰写随笔,定期交流心得体会。并于 2010 年 12 月,在全国最大的教育门户网站——中国教育在线网建立了阳信县"三名"工程博客群组,搭建了更为便捷的学术交流平台,方便了工程人选间的交流。

　　素质的提升离不开培训。阳信县联合曲阜师范大学、东北师范大学积极举办教育硕士培训进修班,工程人选分两批先后参加,共有 37 人结业。两个培训周期中,先后于 2011 年 8 月、2014 年 4 月在北京和青岛举办了两次专题培训,于 2012 年 12 月、2015 年 12 月先后在济南、南京举办分组培训。精心设计课程套餐,聘请了清华大学附小校长窦桂梅、北京师范大学教授肖川等专家授课,组织工程人选到北京实验二小、青岛二中等名校实地考察,让工程人选开阔了眼界,提升了素质。

对于骨干教师,阳信县加以重点培养,先后择优推荐 13 人参加省级骨干中小学校长培训,推荐 5 人参加省级骨干中小学班主任培训,推荐 13 人参加骨干教师国家级培训,推荐 21 人参加省级骨干教师培训。2012 年 8—11 月,推荐 9 名领导小组成员、18 名工程人选参加了"国培计划(2012)"——县级教师教育基地培训者远程培训。2014 年 9—12 月,推荐 20 名工程人选参加了"2014 教育部—中国移动"中小学校长远程培训。县教体局先后三次组织"名校长"工程人选赴潍坊、青岛名校挂职培训。

为调动工程人选自我提升的能动性,阳信县对其实行动态管理,综合自主研修、著书立说、课题研究、支教帮携等方面的业绩,首批工程人选 90 人参加期中考核,67 人合格。期末评选出首批"名校长"4 人、"名班主任"4 人、"名教师"13人,继续培养 20 人,第二周期吸纳 59 人,目前县"三名"工程人选共 100 人。

为发挥工程人选的示范带动作用,阳信县根据培养管理办法,要求每位"名校长"工程人选联系一所农村薄弱学校,每位"名班主任""名教师"工程人选帮协两名青年教师或班主任,业绩纳入人选考核范围。

工程实施后取得了优异成绩,产生了一批有一定影响力的研究成果,一批功底扎实、师德高尚、业绩突出的青年教师脱颖而出。青年教师王立新继荣膺中国教师研修网 2012 年度人物后,先后被聘为省中小学远程研修助学专家、国家教育行政学院远程培训首席专家,应中央电教馆邀请,两次担任全国信息技术应用能力提升工程培训班班主任,并先后到吉林、河南、浙江等省讲学,2014 年 9 月荣获"全国模范教师"称号。青年教师张如意,用一年多时间在《中学语文教学参考》等全国核心期刊发表教学论文 12 篇,被中学语文教育学会评为"百佳语文教师",两次被中国教育在线推荐为"博客之星"。青年教师文玉燕、李俊芳作为省聘专家参加了研修指导和资源开发,工作成效受到省师资培训中心领导好评。

据统计,六年来工程人选先后有 1 人受教育部、人社部联合表彰,2 人受省政府表彰,17 人受市政府表彰;1 人被评为滨州市学术带头人,40 人被评为市教学能手,26 人被评为市学科带头人;涌现出 5 名市教育创新人物,6 名市教坛新星。2012 年,"国培计划(2012)"——县级教师教育基地培训者远程培训中,阳信县在 88 个班中脱颖而出,被评为优秀团队。因在全省中小学教师全员远程研修中成绩突出,阳信县在 2012—2014 年被评为优秀组织单位。2016 年 5 月,在全省中小学教师网络研修管理员培训班上,阳信县师训办副主任黄春燕应邀做典型发言。在 2014—2015 学年"一师一优课""一课一名师"评选中,阳信县杨萍等 5 位教师荣获部级优课,占全市优课总数的 35.7%。2016 年 10 月,在滨州市第二期"三名"培养工程人选中,阳信县以 70.45% 的入选率位居全市各县区榜首。此外,该工程还于 2011 年 4 月被确定为国家教师教育综合改革试验区试点项目。

(原文发表于 2017 年 2 月 21 日《齐鲁晚报》)

生命与使命同行

山东省阳信县第二期教育干部与
骨干教师研究生培训进修班正式开班

依托全国中小学教师继续教育网，由东北师范大学、阳信县教体局联合举办的阳信县第二期教育干部与骨干教师研究生培训进修班正式开班，于2011年3月19日上午举行了开班典礼。东北师范大学研究生院副院长、全国中小学教师继续教育网党委书记刘文达，阳信县教体局党委书记、局长王玉军，国家基础教育实验中心副主任、东北师范大学教授邬志辉，全国中小学教师继续教育网驻山东办事处项目主任亓敏增，县教体局党委委员、教研室主任商梅泉等领导出席开班典礼。

刘文达院长代表全国中小学教师继续教育网、东北师范大学发表了热情洋溢的讲话，表示培训机构将竭诚为广大学员提供优质服务。阳信一中教师张林军代表全体学员做了表态发言，一要珍惜学习机会，精于思考，深入探究，努力提高培训实效；二要坚持学以致用、善于创新，以教育理论为引领打造高效课堂。王玉军局长代表阳信县教体局党委发表了讲话。王局长指出，百年大计，教育为本；教育大计，教师为本。努力造就一支师德高尚、业务精湛、结构合理、充满活力的高素质、专业化师资队伍是一项长期、复杂而又十分紧迫的任务。近几年来，阳信县教体局把提高教育干部、教师两支队伍的素质摆在优先发展的战略地位，在成功举办第一期研究生培训进修班的基础上，积极探索新形势下克服工学矛盾、提高学习效率的进修培训新模式。本期培训班的成功举办，是阳信县全面贯彻中央和省、市教育工作会议精神，深入落实中央和省、市中长期教育改革和发展规划纲要，建设高素质、专业化师资队伍的一项重大举措。王局长对办好本期培训班提出了三点希望和要求：一是希望广大学员严格遵守培训班各项工作要求，高质量地完成研修任务，力求思想境界与教育理念有新提升、知识与能力有新拓展、教育教学管理与研究水平达到新层次。二是希望各乡镇、各学校为学

142

员研修学习创造必要条件,落实好经费承担任务,协助做好管理工作。三是希望教体局师训办等职能科室与培训机构密切配合,科学安排,精心组织,力求使培训效益最大化。随后,邬志辉教授做了题为"智慧型教师的实践品性"的专题报告。邬教授以前沿的理论知识、翔实的教育案例为大家献上了一道"精神大餐",而与学员的一次次互动交流又将报告推向高潮。

各乡镇中心学校、初级中学、中心小学校长,乡镇中心学校教学、师训办主任,县直学校业务校长、教务主任、分管主任,进修班全体学员,县"三名"工程人选以及教体局教研室、师训办全体人员共计 400 余人参加了开班典礼,进修班全体学员参加了下午举行的学员专题培训。培训班学制为两年,教学方式以远程为主并辅以集中面授,每个专业开设八门课程,课程成绩由平时成绩、期末考试成绩及期末论文等组成,学员结业后,经东北师范大学进行资格审核合格者,可参加国家组织的同等学力人员申请硕士学位全国统一考试。本期培训班报名人数已突破 200 人,涉及教育经济与管理、课程与教学论等 14 个专业,学员涵盖教育干部、中小学校长、中层管理人员和一线骨干教师。

第二期教育干部与骨干教师研究生培训进修班的成功举办,开辟了阳信县教育干部、教师学历提升和继续教育工作的新途径,必将为阳信县提升教育干部、教师综合素质,优化两支队伍结构,实现阳信县教育可持续发展奠定良好基础。

(原文 2011 年 3 月发布于全国中小学教师继续教育网)

阳信县 79 名教育硕士喜获结业证书

2010 年 4 月 22 日滨州大众网讯（通讯员 杨强强 陈辉 黄春燕） 近日，阳信县隆重举行了 2008 级教育硕士培训进修班结业典礼。曲阜师范大学教育科学管理学院党总支书记王万民、资产管理处处长张良才、教育科学管理学院副院长莫长军、阳信县教育局局长文宝忠等领导出席结业典礼并为学员颁发结业证书，至此，阳信县教育硕士化工程一期 79 名学员顺利结业。

近年来，阳信县牢固树立人才是教育事业第一资源的理念，把提高中小学教育干部、教师两支队伍素质摆在优先发展的战略地位，出台了《阳信县教育硕士化工程实施意见》等文件。2008 年，联合曲阜师范大学在全市率先启动了教育干部与骨干教师硕士化工程，在自愿加推荐的基础上，选派了 60 名中小学校长、19 名中小学骨干教师报读教育硕士培训进修班，并于当年 7 月 30 日正式开班授课。2008 级教育硕士培训进修班的开班，开创了阳信与高等院校合作大面积培训教育干部和骨干教师的先河，在阳信教育发展史上写下了浓墨重彩的一笔。

2008 级研究生培训进修历时近两年，学员利用暑假和周末完成了 15 门课程的研修任务，学习课时达 304 节次。学员克服暑期天气炎热、缺乏午休场所等困难，特别是教委主任、中小学校长克服工学矛盾，排除干扰，全身心投入研修中，保证了培训质量。通过培训，广大中小学校长和骨干教师的思想境界有了新提升，知识与能力有了新拓展，在教育理念、教学理论、教育管理水平与教育科研能力等方面达到了新的层次。

据了解，阳信县将继续举办 2010 级教育硕士培训进修班，进一步扩大教育干部的受训面积，提高他们的综合素质，并计划到 2012 年使全县中小学校长参加培训（含在读）的比例达到 90%，中小学骨干教师参加培训（含在读）的比例达到 50%。

陈言微语

第二批市"三名"工程人选培训行前寄语

此刻你们正在去德州东站的高速路上,因我正在北京带队参加薄弱学科培训英语教师"种子"培训,由黄主任代我为你们送行,特意群发几点叮嘱:

1. 拓宽视野,放大格局

入选市"三名"工程是个人专业发展的又一重要进步,"登上十八盘,一步一重天",不畏劳苦的攀登者才能领略"一览众山小"的无限风光。

2. 自我加压,精益求精

专业能力提升有起点,但没有尽头。任何人都没有理由"称忙道老言弃",青山在,人未老;心若在,梦就在。阳信"二名"不能长期有高原而无高峰,我们距离"齐鲁名师""齐鲁名校长"以及真正意义上的特级教师梦究竟还有多远(不自量力,沽名"陈辉之问")?

3. 广交师友,丰厚人脉

"与有肝胆人共事,从无字句处读书。"培训平台也是人才资源库,择善而交往,要使其成为工作生活的资源宝库。

遥祝大家一路顺风,满载而归!

2016 年 12 月 4 日

英语"种子"教师北京培训返程途中总结

一是感谢。培训 12 天,大家克服各种困难,舍小家顾大家,弃儿女情长,圆满地完成了学习任务。我代表教体局、代表项目办感谢大家,并向你们的家人表示感谢。

二是祝贺。收获满满,远超预期,这是十分难得、终生难忘的高端培训。

(1)表现了强烈的进取精神和求知欲望。出勤早、睡得晚,写日志、备课排练,课堂展示、晚会节目受到好评,你们向全县教育系统递交了一份优秀的答卷。

(2)表现出了良好风貌和团队精神。学会了取舍,学会了合作,学会了关爱。

(3)初步感受了北京的文化氛围。

(4)组织服务团队表现出了较高的责任担当意识和组织能力。

三是希望。

(1)引领同事。在今后的培训中要发挥示范引领作用,把培训的收获、感想与你的学生、同事、领导分享。

(2)发展自我。看到差距,缩小差距。人的天赋和起点差距不大,差的是工作效率和业余时间。做优秀教师要有底蕴,必须多读书、勤实践、善反思。

(3)培育学生。没有爱就没有教育,好教师都是以育人为核心,乡村教师是文明的传播者,让更多的孩子因为你而爱上英语学科,英语启蒙工作大有可为。

(4)温润家庭。参训学员绝大多数是女教师,母亲是民族命运的主宰、家族基因的改良者、家庭成员的轴心,家庭、家教与家风赋予了母亲神圣的使命。让家庭成员因你而感到幸福!

12 天行程,虽不善始(因活动冲突第三天赶过来),也算善终,作为一名学习者、服务者与今后工作的谋划者,我从你们身上汲取了力量,增强了信心。为大家服务,真诚到永远!

2016 年 12 月 4 日

参加"名班主任"协作组活动总结

聆听述职报告,激情澎湃;

回首七年足迹,无愧无悔;

展望未来行程,任重道远;

若问考评结果,只要热爱生命,一切都在意料之中。

心系专业成长,生命与使命同行;情牵"三名"忧乐,别有一番滋味在心头。

七年的实践与探索,弹指一挥间。对于"三名"工程的目标,我们做到了,而且会越做越好,我们无愧无悔。比成长更令人惊喜的是"三名"文化日益深入人心,无论走到哪里,无论参加什么活动,大家都会践行"三名"精神。"三名"工程不但使一批优秀人才成长起来,而且让一批优秀的校长和教师凝聚成为"三名"工程的追随者。许许多多校长和教师因此改变了心智模式和行走方式,我想他们中的优秀者也必将成为阳信教育的脊梁。

这七年实践的基本经验可概括为:高端引领、改革创新、遵循规律、公平公正、求实求效、群众路线。遵循规律才不至于雾里看花,在日益浮躁、功利的社会中才会保持定力。

一份份文件、一个个方案、一次次活动、一篇篇心得、一份份简报铺就了"名班主任"的专业成长道路,使他们不断致力于人格的完善和能力的提升,在提升自我、引领同事、培育学生、成就学校的道路上行稳致远。

2016 年 12 月 30 日

欣闻"齐鲁名师""齐鲁名校长"评选 7 人全部通过

喜报：省教育厅网站公示，阳信县参加"齐鲁名师""齐鲁名校长"评选最后陈述答辩的 3 位校长、4 位教师全部通过，在全市 5 位校长中占 3 名，15 名教师中占 4 人。

这一轮"齐鲁名师""齐鲁名校长"评选的结果可喜可贺，超出了我们的预期。我觉得给我们最大的启示是只要遵循规律、保持定力、朝着正确的方向坚持不懈地走，人人都可成尧舜，奇迹就会创造出来。论坛专题片介绍词中的一句话"世上没有白走的路，每一步都算数"，大家体会出含义了吧？我想这对年轻的校长和教师来说是很大的鼓舞，也希望因为超龄及竞争力不够没有入选的人选不要气馁，条条大路通罗马，人人都可走出自己的成功之路。入选什么名单、获得什么荣誉只是手段，而不是目的，对标先进，我们还任重道远。人生因梦想而伟大、因学习而改变，更因坚守而成功，让我们以此为新的起点，携手努力吧！

2019 年 5 月 16 日

学校德育篇

教育案例

媒体报道

工作报告

活动讲话

甘霖洒心田　爱心育雏鹰

尊敬的程经理、各位车主、老师们、同学们：

阳春四月，鸟语花香，今天我们在这里集会，举行"吉利汽车自由舰"车主爱心捐赠仪式。首先请允许我代表阳信县教育局向前来参加献爱心活动的公司领导、车主及其家人表示衷心的感谢！向李家小学的全体师生表示诚挚的问候！

李家小学虽是条件简陋的乡村学校，但教风严谨，学风端正，教职员工锐意进取，在全乡乃至全县都创造了一流的教育教学成绩。现在阳信县广泛推广的王希奎老师的"交往互动式小组教学"经验就出自该校。由于受到经济条件的制约，学校的教学设施、图书资源比较缺乏，还有一些学生因为家庭暂时的经济困难而面临失学。是方正公司、在座的各位车主向学校和学生伸出了温暖的手，你们的义举不仅使广大学生得到了物质上的资助，更使他们受到了中华民族传统美德教育的熏陶。你们播撒的一片爱心必将使我们收获更多的真诚与感动。

希望受到资助的同学更加勤奋刻苦，自强自立，以优异的成绩向好心的叔叔阿姨汇报。更希望你们自觉养成"热爱祖国、服务人民、崇尚科学、辛勤劳动、团结互助、诚实守信、遵纪守法、艰苦奋斗"的良好品德。今天学好本领，将来建设家乡，报效祖国，奉献社会！希望各位教师以今天为新的起点，锐意进取，教书育人，努力创人民满意的学校、做人民满意的教师。

"甘霖洒心田，爱心育雏鹰"，我们坚信，方正公司、在座的各位车主"热心公益、奉献社会"的精神必将在阳信大地开花结果。爱心连四海，车轮传真情，让我们并肩携手，在构建社会主义和谐社会的征程中做出新的贡献。最后祝各位来宾在阳信游览期间心情愉快，生活顺利！再一次向各位爱心使者表示衷心的感谢！

谢谢大家！

（本文为 2006 年 4 月 16 日笔者在滨州市"吉利汽车自由舰"车主爱心捐赠仪式上的讲话文稿）

提升境界　创新工作
不断提高全县中小学教师育人水平

各位德育主任、班主任,大家好:

　　2007 年阳信县中小学德育主任、骨干班主任培训班历时两天,今天就要结业了。在两天的培训中,大家以高度的责任感和自觉性,排除各项干扰,克服天气炎热和生活上的诸多不便,聚精会神地听课,虚心学人之长,培训工作取得了圆满成功。在此,我谨代表教育局对全体学员的顺利结业表示衷心祝贺,向远道而来讲学的陈晓红、田道源、宋云福、黄敏、王建立、高建峰表示感谢,还要感谢阳信县职业中专为本次培训提供的各项周到服务。这次培训虽然时间短暂,但内容丰富,先后有县内外的六位校长、德育主任、班主任登台授课;观看了魏书生、任小艾等全国知名班主任的先进育人事迹及河北衡水中学的德育经验录像片;各中小学德育主任、班主任共聚一堂,交流了各自的工作做法并撰写了培训心得体会。可以说,这次培训完成了预定的目标,是一次成功的培训。

　　借培训班结业之机,我想讲几点意见与大家共勉。

一、充分认识德育主任、班主任工作的地位和肩负的重任

　　班主任不仅是知识的传播者,更是学生心灵成长的塑造者、精神成长的关怀者。班主任不仅要教书,更要育人。班主任的敬业精神、业务能力、为人原则等会在学生的心灵深处打下烙印,甚至会影响学生的一生。我们可以回想一下自己的小学、中学、大学老师,对我们做人和做事影响最大的就是班主任,最值得学生感恩的也往往是班主任。因此,当代著名教育改革家魏书生说,一个没当过班主任的老师,是一个不完整的老师。鉴于班主任工作的重要性和特殊性,为贯彻中共中央　国务院《关于进一步加强和改进未成年人思想道德建设的若干意见》精神,发挥学校在未成年人思想道德建设中的主渠道、主阵地、主课堂作用,不断

提高德育主任、班主任的育人水平,教育部于 2006 年专门就加强中小学班主任工作连发了两个文件:《关于进一步加强中小学班主任工作的意见》《关于启动实施全国中小学班主任培训计划的通知》。文件对班主任的重要地位和作用做了明确规定:"中小学班主任是中小学教师队伍的重要组成部分,是班级工作的组织者、班集体建设的指导者、中小学生健康成长的引领者,是中小学思想道德教育的骨干,是沟通家长和社区的桥梁,是实施素质教育的重要力量。"文件还明确了要建立班主任培训制度,"从 2006 年 12 月起,建立中小学班主任岗位培训制度。今后凡担任中小学班主任的教师,在上岗前或上岗后半年时间内均需接受不少于 30 学时的专题培训","2006 年 12 月底之前已担任班主任工作,但未参加过班主任专题培训的教师,需在近年内采取多种方式进行补修"。

2007 年 5 月,阳信县出台了《阳信县中小学班主任管理暂行办法》(简称《办法》),对班主任的任务职责、聘任培训、待遇奖惩等都做了明确规定。可以说,《办法》的出台既是教育局党委对广大班主任工作的肯定,更是对班主任的关怀,局党委通过积极争取,上半年县财政拨发了班主任津贴,虽然数额不高,但我们相信,随着阳信财政状况的好转,班主任的待遇会越来越好。新出台的《办法》建立了班主任工作激励机制,规定学校内的物质分配、评优晋级、培训深造等应向班主任倾斜,定期表彰优秀班主任,要宣传典型班主任的先进事迹。可以说,阳信县广大教师人人争做班主任、个个争做优秀班主任的良好氛围正逐步形成。

二、热爱和尊重学生,是班主任成功的基点

教育家夏丏尊强调:"教育之没有情感,没有爱,如同池塘没有水一样。没有水,就不成其池塘,没有爱就没有教育。"

爱是一切力量的源泉,爱是班主任工作永不言败的最后一道防线。全国模范班主任任小艾把"以爱动其心,以言导其行"确立为自己的教育原则;李镇西认为,童心、爱心、责任心是当好班主任的基本素质,李镇西之所以能够成名,很重要的原因就是他在教育过程中付出了大爱,付出了真诚,付出了深情。100 位失败的班主任可能有 100 条失败的理由,但 100 位成功的班主任都会有一条共同的理由,那就是热爱和尊重学生。"爱即师魂",面对有情感、有活力的孩子,只有遍洒爱之甘霖,才能收到"春风风人,夏雨雨人"之效。

多年来,全县广大中小学德育干部、班主任本着对学生负责、对事业负责、对社会负责的态度,忠于职守、兢兢业业、呕心沥血、默默奉献,以父母之心、兄妹之情对待学生。学习上谆谆教诲,循循善诱;生活上关怀备至,体贴入微;行为上言传身教,以身示范。可以说,教师的爱心是成就今天阳信教育辉煌的基石。

三、不断探索工作规律，提高育人水平

育人既是一门科学，又是一门艺术，需要广大德育主任、班主任在实践中不断探索，既要热爱、尊重学生，又要严格要求，正如全国师德标兵林崇德老师所说，"严要严在当严之处，爱要爱在细微之中"。"天下大事必做于细，天下难事必做于易"，在班级管理中，既要高点定位，又要从点滴抓起，从细微做起。对当代著名教育改革家魏书生"民主与科学"的治班思想，尤其是他数十年坚持"五个一分钟"持之以恒培养学生良好习惯的做法，全县各中小学要认真学习借鉴。我们要根据学生的年龄特点和心理特点，有目的、有计划地进行日常行为规范教育，培养学生自觉遵守法律法规、社会公德和社会秩序的意识和习惯；不断提高弘扬和培育民族精神等主题教育的实效。

班主任工作是一门"激励"的艺术，核心在于"激励和唤醒"。我们坚信，没有不可教育的学生，只有不善教育的教师，我们要根据每个学生的个性特征及其潜质激发他们的内驱力，引导他们成长，夯实他们的知识基础，健全他们的人格，为他们成人成才搭建平台。

班主任工作是一门"和谐"的艺术。班主任不但要建立和谐、融洽、充满浓郁感情色彩的师生关系，而且要处理好与课任教师、学校、家长、社会之间的关系，整合利用好一切教育资源，形成共向合力。

四、提升境界、追求卓越，做研究型、创新型班主任

德育主任、班主任的日常工作繁忙，要想成为优秀的教育工作者，仅仅停留在工作表面完成工作、应付工作远远不够，应该从千头万绪的工作中寻找规律，交流经验，学习理论，要从事务型向研究型、创新型转变，全面提高管理班级的素质与能力。尤其是当前阳信县缺少有研究成果的德育主任、班主任，更缺乏在省市内有影响的德育主任、班主任。我们应该多读书、多学习，建议大家多阅读苏霍姆林斯基、陶行知的经典名著以及李镇西的《爱心与教育》《班主任兵法》等书籍；多浏览教育在线等教育网站。本期德育主任、骨干班主任培训班已经结束，但对班级管理工作的学习和研究永远不会结束，对政策法规的领悟、对班主任工作艺术的探索、对先进育人经验的学习永无止境。对一个人来说，没有学习的人生是平淡的人生，而忽视学习的工作也必定是平庸的工作。大家要树立终身学习的思想，把学习当作一种境界，当作一种享受，当作一种责任。希望大家以一股开拓进取的锐气、摆脱平庸的英气，提升境界，勤奋学习，勇于实践，充分发挥好示范带头和辐射作用，为全面提高全县中小学教师育人水平做出贡献。

同志们，加强中小学德育主任、班主任培训是加强未成年人思想道德建设的

迫切需要,是全面实施素质教育、全面提高教育质量的必然要求,是加强德育队伍建设的重要举措,对促进阳信县基础教育的改革与发展具有重要意义。希望大家把握机遇,高点定位,勤于探索,与时俱进,争当学生爱戴、家长信赖、社会满意的班主任和德育工作者,为实现阳信教育新跨越做出新的、更大的贡献! 谢谢大家!

(本文为 2007 年 8 月 15 日笔者在阳信县中小学德育主任、骨干班主任培训班上的讲话文稿)

工作报告

全县中小学班主任工作调研报告

　　"进一步提高中小学班主任的政治待遇和经济待遇"是阳信县教育局承诺 2008 年做好的十件实事之一,"探索中小学班主任培训、综合素质提高新途径"是 2008 年阳信县教育局的一项创新工作。为将好事办好,增强班主任建设和培训工作的实效性和针对性,德育办对现任全县班主任任职情况进行了统计和分析,并先后到五所中小学就班主任管理、津贴发放、培训提高等情况进行了调研,征求校长、德育干部和班主任的意见,回收《阳信县中小学班主任工作调查问卷》115 份,现就有关情况做如下分析。

一、班主任队伍基本情况问卷与分析

　　(一) 全县中小学班主任基本结构

　　全县现任中小学班主任有 1 076 人,高中、初中、小学分别为 131、223、722 人。年龄最大为 60 岁,最小为 20 岁,平均年龄为 37.66 岁。女班主任有 336 人,占全县中小学班主任人数的 31.23％。有研究生学历的班主任 4 人,占全县中小学班主任人数的 0.37％;有本科学历的班主任 290 人,占 26.95％;有专科学历的班主任 405 人,占 37.64％。有高级职称的班主任 34 人,占全县中小学班主任人数的 3.16％;有中级职称的班主任 447 人,占 41.54％。

　　(二) 班主任对自身角色的认同

　　问卷调查显示,100％的班主任认为,班主任工作对学校的教育教学目标的实现作用很大;87.36％的班主任很喜欢或喜欢当班主任;有 78.95％的班主任表示,乐于接受新学期学校安排的班主任工作;98.95％的班主任觉得自己跟学生的关系融洽或比较融洽;86.32％的班主任认为自己的工作热情高或比较高;对担任班主任工作自我评价好或较好的占 92.73％。在"您认为一个优秀的班主任应具备什么条件"的调查中,排第一位的是对学生的爱心,排第二位的是高度的责任心,排第三位的是较高的组织管理能力。

以上数据显示,班主任对自身角色有较强的认同感,在工作中也会有较强的责任感和使命感。

（三）班主任的工作状态

被调查的班主任中有 61.05% 的人一周用在班级工作方面的时间为 8 小时以上。在与家长联系方式的调查中,有 91.58% 的班主任选择电话,40% 的班主任选择请家长到学校。有 56.84% 的班主任将学生日常行为规范和纪律教育放在工作的第一位。在关于当前班主任队伍建设的主要问题的调查中,76.84% 的班主任认为政策不到位（如选聘、培训、考评、待遇）；其次是班主任教育观念滞后,知识、能力储备不足,占 18.95%；认为缺乏工作积极性和主动性的占 14.74%。47.37% 的班主任认为,目前班主任工作面临的首要压力是应付学校对班级的各项评比和检查,其次是学生、家长对班主任的高期望。

（四）班主任的期望与诉求

调查"要做好班主任工作,您目前最希望解决的问题"时,选择提高待遇的占 52.63%；选择进修学习,提高班主任工作水平的占 50.53%。关于学校对班主任工作的考核和奖励问题,42.11% 的被调查者认为考核比较公正,奖励比较合理；33.68% 的被调查者认为考核要求高,奖励低；认为有考核,没奖励的占 16.84%；12.63% 的被调查者认为考核不公正,奖励不够合理。

（五）班主任专业成长与培训提高

被调查者中,每周工作之余用于学习的时间在 2 小时以上的占 42.11%；1～2 小时的占 42.11%；1 小时以内的占 15.78%。参加过县级以上班主任培训的仅占 28.42%,80% 以上的班主任没有撰写过有关班主任工作的论文。关于"对班主任进行培训最好的方式"调查中,多数班主任选择工作经验交流（49.47%）和实践考察学习（48.42%）。64.21% 的班主任认为最需要培训新思想、新理念,36.84% 的班主任认为最需要培训班级建设,有 27.37% 的班主任选择心理健康教育。对"参加班主任培训,您最希望提高的能力"调查中,选择了解、研究学生的能力的占 44.21%,选择组织管理能力的占 44.21%,选择协调各种关系的能力的占 37.89%。

二、存在的问题

（一）班主任队伍结构不尽合理

从年龄结构上看,小学有 113 名班主任在 50 岁以上,很多人的精力和体力已难以适应繁重的教书育人的工作任务。

从知识结构看,全县现任班主任学历层次偏低,高中具有研究生学历的班主任仅 3 人,仅占高中班主任人数的 2.29%;初中班主任具有本科以上学历的有 88 人,占总数的 39.56%,小学班主任具有本科学历的只有 10.39%,班主任当前的学历层次与现代中小学教育管理的要求不相适应。具有高级职称者仅为 34 人,占全县中小学班主任人数的 3.16%,说明以往的高级职称晋升者大多为二线的行政管理人员。

（二）班主任工作待遇偏低

对中小学班主任津贴做出明确规定的文件,上溯至 1979 年教育部、财政部、国家劳动总局颁布的《关于普通中学和小学班主任津贴试行办法》(教计字〔1979〕489 号),规定班主任津贴一般定为,"中学每班学生人数在 35 人以下发 5 元,36 人至 50 人发 6 元,51 人以上发 7 元,小学每班学生人数在 35 人以下发 4 元,36 人至 50 人发 5 元,51 人以上发 6 元"。1988 年人事部、国家教委、财政部下发了《关于提高中小学班主任津贴标准和建立中小学教师超课时酬金制度的实施办法》(人薪发〔1988〕23 号),文件规定:"中小学班主任津贴标准提高的幅度和教师超课时酬金的具体数额,均由各省、自治区、直辖市结合实际情况自行确定。"从此以后我省执行中小学班主任津贴 15 元的标准。

前几年,阳信县班主任津贴由各中小学在所收的学杂费中列支,三处高中和幸福中学、梨乡学校等执行校内班主任津贴每月 80～150 元不等的标准,其他各中小学或者执行月 15 元的标准,或者没有班主任津贴。自 2007 年实施新的义务教育经费保障机制后,各学校不再向学生收取学杂费,在教育局的积极争取下,将班主任津贴列为县财政预算。在 1988 年,15 元的班主任津贴占教师月平均工资的 1/10,但 20 多年过去了,中小学班主任的津贴标准没有随物价指数和职工工资而相应提高,15 元的班主任津贴仅仅占当前教师平均月工资的 1/120。现有的班主任津贴标准已无法体现"多劳多得"的原则,造成许多学校的教师认为班主任工作量大、难度高、报酬低因而不愿当班主任,在学校安排勉强接受的情况下,工作积极性不高。

（三）部分班主任不能适应现代教育的要求

部分班主任缺乏先进的教育观念引领,对自己的岗位职责和工作任务不够清晰,对班主任是学生健康成长的守护者、班级活动的组织者、学校教育计划的贯彻者、教育力量的协调者的角色认识不到位,工作不到位。

面对开放多元的社会环境,面对推行素质教育的新形势,面对中小学生呈现的新问题、新特点,相当多的班主任办法不多、措施不力,仅限于事务性管理工作,德育的实效性不够,班级凝聚力、向心力不强。班主任对学生的心灵成长关注不够,致使问题学生增多。

许多班主任课外学习研究不够,敬业精神、创新意识和工作激情不足,加上其他社会因素的影响而产生职业倦怠。

(四)学校工作的缺失

部分学校没有建立有效的班主任工作考核评估机制和激励机制。班主任津贴平均发放致使优秀班主任有怨言。有的学校的班主任津贴迟迟不予下发,尤其是个别学校评优表彰工作透明度不高,影响了班主任的工作积极性。

部分学校没有树立全员育人的观念。有些课任教师应完成的任务,推诿给班主任;部分学校服务意识淡薄,把工勤人员的分内职责强加给班主任,致使班主任的工作负担增加。

部分学校对班主任的培训和指导不够。学校召开班主任会议较少,即使开会往往也是安排工作的多,指导和交流学习的少,致使班主任管理凭经验,而对于上级有关政策、法规以及班主任管理工作的基本常规掌握得少。在被调查的班主任中,大多数人不清楚班主任应了解哪些法律法规,对《阳信县中小学班主任管理暂行办法》更是知之甚少。

三、对策与建议

(一)创造条件提高班主任待遇

切实解决班主任的合理诉求,要积极想办法筹措资金,在受政策影响县财政不能提高津贴标准的情况下,设立班主任岗位奖金,对完成《阳信县中小学班主任管理暂行办法》规定任务的班主任,依据考核成绩分等级予以奖励。同时,在职称晋升、住房分配、考核聘任等工作中,落实班主任加分等倾斜性政策,为调动广大班主任的工作积极性营造良好的环境。

(二)完善优秀班主任表彰机制,满足优秀班主任的精神需求

建议完善表彰机制,对那些工作态度端正、工作成效显著的班主任在物质奖励之外辅以报刊、书籍等奖励,大力宣传他们的先进事迹,使优秀班主任政治上有荣誉、经济上得实惠、专业发展上有提升。

(三)加大班主任培训和专业进修工作的力度,助推专业成长

按照《阳信县中小学班主任培训计划》的要求,对所有现任中小学班主任进行岗位培训,切实提高培训工作的实效。通过培训,使阳信县中小学班主任树立新的教育理念,进一步明确工作任务和职责,掌握科学的工作原则和方法,提高组织、指导、协调工作能力。在培训基础上,组织涵盖教育政策、法律法规、班主任工作基本规范、班级活动设计等内容的全县中小学班主任技能大赛,全面提高班主任的综合素质和专业能力。

针对阳信县班主任学历层次较低的现状,要积极鼓励班主任参加学历教育,

兑现相应的优惠政策。建立优秀班主任人才库,创造条件使他们能多参加高层次的专业交流活动。创设青年班主任论坛,关注他们的专业成长,促使他们向专家型、科研型班主任转变,尽快培养产生一批在全市有影响的名班主任。

各学校要提高对班主任校本培训的实效,通过实施学校领导包年级、包班和名师带动、结对帮扶等各项措施,为班主任的成长搭建平台,实现班主任由经验管理向科学管理转变,使每位班主任都成为有爱心、有责任感、有智慧的教育工作者。

(四)加强师德建设,完善学校管理,激发班主任工作的内驱力

诚然,待遇不高是影响班主任工作积极性的重要因素,但工作态度和敬业精神才是根本。各学校尤其要对班主任加强师德师风建设,要教育班主任学习孙维刚、孟二东、潭千秋等模范教师敬业爱岗、恪尽职守、淡泊名利、无私奉献的事迹,不断提升思想境界,增强教书育人的主动性和自觉性。

各学校要提高内涵管理的质量,完善班主任选拔、任用、考评、奖惩机制,让能管理的人有舞台,让管理好的人有待遇。同时要落实教师教书与育人"一岗双责"责任制,学校职能部门员工要强化服务意识,行政机构决策力求科学合理,严格控制仅限于表面的评比和检查,减轻班主任不必要的工作负担,使他们能专心致志地投入班级教育管理工作。中小学校长要坚持以人为本,关心爱护班主任,以自己的教育智慧和人格力量引领他们成长。

(五)加强对班主任评价工作的监督

针对部分学校班主任工作考核不科学、不透明,班主任津贴发放不及时的现状,实行班主任津贴审批制和巡访制。班主任津贴和岗位奖励由学校或乡镇教委按考核成绩分三等详细列单,报教育局审批发放,同时教育局要对发放情况进行巡访。班主任工作业绩半年考核一次并报教育局备案,评优树先等活动要严格落实公开、公示程序,接受监督。

(六)加快对不合格班主任的调整置换

对因年龄偏大、观念陈旧、教育教学能力难以胜任班主任工作岗位的教师,要尽快调整到位。希望县乡人事部门切实解决偏远小学师资结构性缺编的问题,加快薄弱学校建设,落实好"校校一名大学生工程",有效推进教育均衡、协调发展。

2008 年 12 月 25 日

附：

阳信县中小学班主任工作调查问卷

（校长、教育干部、班主任问卷）

学校＿＿＿＿＿＿＿＿＿＿

　　本调查问卷的目的是了解当前阳信县中小学班主任工作现状，为加强和改进班主任工作提供依据。问卷采取匿名方式进行，您的回答只用作数据分析及提供参考。谢谢您的合作！

一、基本信息

　　1. 您现在的年龄＿＿＿＿＿，教龄＿＿＿＿＿，担任班主任年限＿＿＿＿＿，第一学历＿＿＿＿＿，最高学历＿＿＿＿＿，现职称＿＿＿＿＿，任教学科＿＿＿＿＿，学校兼职＿＿＿＿＿。

　　2. 目前您担任班主任的班级人数为＿＿＿＿＿，2007 年您每月的班主任工作津贴是＿＿＿＿＿元，您的周课时数为＿＿＿＿＿。

二、选择题

题号	3	4	5	6	7	8	9	10	11	12	13	14	15	16	17	18
选项																
题号	19	20	21	22	23	24	25	26	27	28	29	30	31	32	33	34
选项																

　　3. 您一周中花费在班级工作上的时间是（　　　　）。

　　A. 3～5 小时　　　　　B. 5～8 小时　　　　　C. 8 小时以上

　　4. 您与家长联系的主要方式是（　　　　）。

　　A. 家访　　　　　　　B. 电话　　　　　　　C. 请家长到校

　　D. 家长会　　　　　　E. 网络　　　　　　　F. 其他

　　5. 您所在班级的现状是（　　　　）。

　　A. 学生能够进行自主管理　　　　　　　B. 学生基本能够进行自主管理

C. 学生不能进行自主管理

6. 您觉得自己跟学生的关系怎样?(　　)

A. 很融洽　　　　B. 比较融洽　　　　C. 一般　　　　D. 冷漠

7. 您每周工作之余用于学习的时间是(　　)。

A. 几乎为零　　　B. 1 小时以内　　　C. 1~2 小时　　　D. 更长时间

8. 您觉得班主任每周安排多少课时的学科教学任务比较合适(　　)。

A. 是科任老师课时的 3/4　　　　B. 一半　　　　C. 1/3

9. 您是否喜欢当班主任?(　　)

A. 很喜欢　　　　B. 喜欢　　　　C. 没感觉　　　　D. 不喜欢

10. 新学期中,学校安排班主任工作,您的态度是(　　)。

A. 乐意接受　　　B. 被动接受　　　C. 争取不做

11. 在班级工作中,您将什么工作放在第一位?(　　)

A. 学生日常行为规范和纪律教育　　　　B. 班干部选拔与培养

C. 学生思想道德教育　　　　D. 学生心理健康教育

E. 班集体建设　　　F. 安全教育　　　G. 学生的学习

12. 班主任工作对学校的教育教学目标的实现,您认为(　　)。

A. 作用很大　　　　B. 作用较大

C. 作用不明显　　　　D. 没有什么作用

13. 您认为目前大多数班主任在学生心目中的形象是(　　)。

A. 思想道德的教育者　　　　B. 平等的朋友

C. 和蔼可亲的长者　　　　D. 严肃认真的管理者

E. 学习、生活中的合作者　　　　F. 知识渊博的学者

14. 您认为大多数班主任的工作热情(　　)。

A. 高　　　　B. 较高　　　　C. 一般　　　　D. 较低

15. 您对自己担任班主任工作的评价是(　　)。

A. 好　　　　B. 较好　　　　C. 基本合格　　　　D. 不合格

16. 您认为对学生进行思想道德教育,最关键的是(　　)。

A. 学校教育　　　B. 家庭教育　　　C. 社会教育

17. 您觉得学校在聘任班主任时应该(　　)。

A. 由学校指派

B. 让每个老师都能尝试当班主任

C. 让老师自愿申请

D. 其他

18. 您认为当前班主任队伍建设最主要的问题在于（　　）。

A. 班主任教育观念滞后,知识、能力储备不足

B. 缺乏工作的积极性和主动性

C. 班主任政策不到位(如选聘、培训、考评、待遇)

19. 您认为做好班主任工作,最主要的外在条件是（　　）。

A. 家长的支持与配合　　　　　B. 学校领导的关心与指导

C. 班级任课教师的配合　　　　D. 整个社会的氛围好

E. 班级学生主动配合班主任工作　　F. 学校有比较好的保障机制

20. 您认为目前班主任工作的首要压力是（　　）。

A. 学校领导的要求

B. 学生、家长对班主任的高期望

C. 自己对班主任工作效果的高期望

D. 学科教学工作的发展与班主任工作矛盾

E. 应付学校对班级的各项评比和检查

F. 校内外不安全因素

21. 您认为班主任工作中,难度最大的是（　　）。

A. 学生的思想教育　　　　　　B. 学生的行为规范及纪律教育

C. 学生的心理健康教育　　　　D. 家长与班主任的配合

E. 安全教育　　　　　　　　　F. 学习动机、目的教育

22. 您认为学生出现的品行问题,最主要的原因是（　　）。

A. 家庭教育问题　　B. 学生交友不当　　C. 社会环境问题

D. 学校教育不当　　E. 学生的归属需要未得到满足

23. 您在担任班主任工作期间,最难处理的人际关系是（　　）。

A. 与学生的关系　　　　　　　B. 与任课教师的关系

C. 与学校领导的关系　　　　　D. 与学生家长的关系

E. 学生与任课教师关系　　　　F. 学生与学生关系

24. 您在班主任工作中最苦恼的问题是（　　）。

A. 学生难教育　　　　　　　　B. 学生家长误解与不配合

C. 任课教师不配合　　　　　　D. 学校领导不支持和不信任

E. 学生心理行为问题

F. 学校对班级的各项评比与检查

25. 要做好班主任工作,您目前最希望解决的问题是（　　）。

A. 进修学习,提高班主任工作水平　　B. 领导关心、理解和支持

C. 学生家长配合　　　　　　　　D. 班级任课教师配合

E. 班主任工作作为考核和奖励的重要内容

F. 提高待遇

26. 与学校其他工作比较,您所在学校关于班主任工作的考核和奖励(　　)。

A. 考核比较公正,奖励比较合理　　B. 考核不公正,奖励不合理

C. 考核要求高,奖励低　　　　　　D. 有考核,没奖励

E. 无考核,无奖励

27. 您觉得班主任津贴如何发放最合适?(　　)

A. 按所在班级学生的数量发放

B. 把班主任工作量折算成课时量来发放

C. 按班主任所在岗位的年限来发放

D. 以学生数和考核成绩发放

E. 平均发放

28. 您参加过市县组织的班主任工作培训学习吗?(　　)

A. 参加过

B. 未参加过

29. 您希望学校班主任工作例会的内容是(　　)。

A. 汇报和布置工作

B. 组织班主任进行针对性的理论学习

C. 进行专题性研讨

D. 组织班主任进行案例研究

E. 问题学生教育

30. 您认为对班主任进行培训最好的方式是(　　)。

A. 专题理论学习　　B. 班主任工作经验交流　　C. 课题研究培训

D. 案例研究培训　　E. 实践考察学习　　　　　　F. 网上交流和学习

31. 您现在参加哪一个层次的班主任工作课题研究?(　　)

A. 校级课题研究　　　　　　　　　B. 县(市、区)级课题研究

C. 市级以上课题研究　　　　　　　D. 没有参加

32. 您是否发表过或有获奖的班主任研究方面的文章?(　　)

A. 经常　　　　　　B. 有　　　　　　C. 没有

33. 您认为班主任最需要培训的内容是(　　)。

A. 师德建设　　　　B. 班级建设　　　　C. 新思想新理念

D. 心理健康教育　　E. 科研方法　　　　F. 其他

34. 参加班主任培训,您最希望提高的能力是(   )。

A. 组织管理能力

B. 了解、研究学生的能力

C. 协调各种关系的能力

D. 说理能力

E. 处理偶发事件的能力

F. 心理健康教育能力

三、开放题

35. 您认为当前的班主任工作主要存在哪些薄弱环节(包括班主任队伍的素质、结构及职责落实情况等)? 为什么? 应如何加强和改进班主任工作?

36. 您认为教育局和学校应该采取哪些措施调动和激发班主任工作的积极性(包括班主任的津贴标准、评先评优、年度考核、职称评聘等)?

37. 您认为应如何加强对班主任的培训(即如何确定培训内容、改进培训方式,才能提高班主任培训的针对性和实效性)? 为提高班主任的综合素质还需采取哪些措施?

38. 您认为一个优秀的班主任应具备什么条件?

39. 2007 年 5 月,县教育局出台了《阳信县中小学班主任管理暂行办法》,其中主要内容是什么?

40. 班主任工作要坚持依法执教,您认为班主任应熟悉哪些法律、法规或上级有关政策?

多措并举　激发活力

——阳信县加强中小学班主任队伍建设的实践与成效

众所周知,中小学班主任是教师队伍的重要组成部分,是班级工作的组织者、班集体建设的指导者、中小学生健康成长的引领者,是中小学思想道德教育的骨干,是沟通家长和社区的桥梁,是实施素质教育的重要力量。班主任不仅是知识的传播者,更是学生心灵成长的塑造者、精神成长的关怀者。班主任不仅要教书,更要育人,班主任的敬业精神、业务能力、为人原则等会在学生的心灵深处打下烙印,甚至会影响学生的一生。

班主任工作琐碎繁杂,责任重大,教学管理任务繁重,纪律、卫生、安全等事务常常令他们疲于应付。而班主任待遇很低,很多地方的班主任津贴仍执行1988年制定的每月15元的标准,很难体现班主任的工作量和工作价值。

近年来,阳信县教育局认真贯彻落实教育部《关于进一步加强中小学班主任工作的意见》,细心研究班主任工作面临的新形势、新挑战,多措并举加强中小学班主任队伍建设,走出了一条经济欠发达地区激发班主任工作活力的新路子,取得了良好成效。

一、加强师德建设,夯实思想基础

近几年,阳信县教育局组织全县中小学教师认真学习各类政策文件,教育广大教师以"爱岗敬业、关爱学生,刻苦钻研、严谨笃学,勇于创新、奋发进取,淡泊名利、志存高远"为职业准则,牢固树立"学为人师、行为世范"的人生追求,引导广大教师自尊自励,努力成为无愧于党和人民的人类灵魂工程师,以人民教师特有的人格魅力、学识魅力和卓有成效的工作赢得全社会的尊重。制定了《阳信县教师职业道德"十不准"》《阳信县中小学教师管理暂行办法》《阳信县中小学教师违规违纪处分办法》等。开展了"千名教师进家庭,万名家长评学校""人民满意的教师""人民满意的学校"评选和向方永刚、抗震救灾模范教师群体学习等系列活动,多次举办王玉贵先进事迹报告会和优秀教师"干事创业"报告会,涌现出了以全国优秀教师、党的十七大代表王玉贵、省优秀教师、县首席名师王希奎为代表的一大批模范个人和以"全国教育系统先进集体"河流镇中学为代表的模范集体。2007年5月,制定了《阳信县中小学班主任管理暂行办法》,使班主任明确了基本任务和主要职责。

二、实施培训计划,提高整体素质

阳信县教育局研究制定了《阳信县中小学班主任培训计划》,规定从2007年8月起,凡担任中小学班主任的教师,均需接受每年不少于30学时的专题培训。根据实际需要,培训内容分班主任工作基本规范、学生心理健康教育指导、班级活动设计组织与班级管理、未成年人思想道德教育、教育政策法规五个模块。一方面,把专家"请进来"。近几年,我们组织的中小学班主任培训班,先后邀请到全国知名班主任、德育专家窦桂梅、张万祥以及一批省市级优秀班主任来"传经送宝"。另一方面,我们还创造条件"走出去",参加国家、省级研讨会、培训班,认真学习借鉴魏书生、李镇西、高金英等国内知名班主任的治班思想,组织骨干班主任100余人分别参加了全国中小学绩效班主任高级研修班、全国班主任工作研讨会、山东省骨干班主任培训。通过培训,广大班主任树立了新的教育理念,进一步明确了工作任务和职责,了解了不同阶段学生身心发展的规律,提高了组织、指导、协调能力,全面提高了综合素质和能力。

三、搭建发展平台,促进专业成长

近几年,阳信县教育局大力实施德育创新工程,教育引导班主任树立终身学习的思想,从千头万绪的工作中寻找规律,交流经验,学习理论,从事务型向研究型、创新型转变,全面提高管理班级的素质与能力。积极搭建平台,一是成立了全县中小学德育工作研究会,吸收了各学校优秀班主任入会,编印了全县德育读本,举办班主任论坛,撰写创新案例。二是先后组织了全县中小学班主任主题班会评选和班主任综合素质大赛。所有中小学班主任都参加了学校举行的预赛,最后遴选出60名选手参加决赛。班主任综合素质大赛的成功举办,规范了班主任的教育行为,提升了班主任的综合素养,拓展了教育渠道,对促进中小学班主任由经验型向专家型、科研型转变产生了积极的影响。

针对阳信县中小学班主任学历层次较低的现状,要积极鼓励班主任参加学历教育,兑现相应的优惠政策。建立优秀班主任人才库,创造条件使他们能多参加高层次的专业交流活动。创设青年班主任论坛,关注他们的专业成长,促使他们向专家型、科研型班主任转变,尽快培养产生一批在全市有影响的名班主任。

四、提高工作待遇，满足合理需求

阳信县教育局把"进一步提高中小学班主任的政治待遇和经济待遇"作为2008年向社会承诺办好的十件实事之一，在调研基础上，制定了《关于贯彻落实〈阳信县中小学班主任管理暂行办法〉的补充规定》（简称《补充规定》），设立了义务教育阶段中小学班主任奖金。每学期末由乡镇教委、学校对所辖中小学班主任按工作量和业绩做出综合考核，考核结果分一、二、三等，班主任津贴和奖金相应按三个等级每学期集中发放一次。新的班主任津贴、奖金发放机制，在普遍提高班主任经济待遇的基础上，突出体现了班主任的工作量和业绩，使班主任的职业尊严感进一步提高，激发和调动了他们的工作积极性。

五、制定倾斜政策，创设激励机制

根据《阳信县中小学班主任管理暂行办法》及《补充规定》，各校建立班主任工作激励机制，一是定期表彰在班主任工作岗位上勇于进取、乐于奉献、取得明显成效的优秀班主任；二是各学校制定的结构工资和分配方案，应向班主任倾斜；三是各中小学的职务评聘、评优树先、住房分配、培训深造等要优先推荐优秀班主任；四是加强对优秀班主任先进事迹的宣传，发挥榜样激励和典型示范的作用，在教师中形成人人争做班主任、个个争做优秀班主任的良好氛围。阳信县自2005年开始评选的"县政府园丁奖"，大多数为优秀班主任所获得；每年评选优秀班主任100名，赠订《德育报》《班主任之友》等报刊。

六、优化选聘程序，实施竞争上岗

班主任应由取得教师资格、思想道德素质好、业务水平高、身心健康、乐于奉献的教师担任。

中小学班主任要热爱学生，具有较强的教育教学能力与组织管理能力。班主任要熟悉相关法律法规，品德高尚，为人师表，具有团队协作精神和较强的人际沟通能力。

《阳信县中小学班主任管理暂行办法》规定，选聘班主任应以自愿申报和学校聘任相结合，聘期为一年。一年期满，根据工作表现和实绩，由学校决定是否续聘。

学校应建立班主任工作档案，定期考核班主任工作，考核结果作为聘任、奖励、职务晋升的重要依据。凡不能履行班主任职责的，应调离班主任岗位；对完不成工作任务，班主任工作开展不顺利，班上学生违纪较多，影响较坏的应予以解聘；对在班主任工作中有违反教师职业道德、失职、渎职而造成不良后果或对重大安全事故负有责任的班主任，按《阳信县中小学教师违规违纪处分办法（试行）》（阳教发〔2006〕4号）的规定进行处罚。

（本文为笔者参加滨州市中小学德育工作研讨会提交的报告）

青岛归来谈体会

5月12—14日,我有幸参加了在青岛举办的全国中小学班主任工作研讨会,聆听了全国优秀班主任、特级教师、北京市班主任研究会副理事长丁榕,全国优秀语文教师、成都武侯实验中学校长李镇西和全国模范班主任、《人民教育》管理室主任任小艾三位专家的报告。大家的思想、大家的智慧使我们受益匪浅,现将体会和思索总结如下。

一、班主任要走进学生的心里

班主任、教育管理工作者都深有感触:有的孩子太"硬",特别是一些"问题孩子"当面答"是是是",一转眼老毛病又犯了,教育的实效性太差。丁榕老师根据自己的体会,以班上一个"用谎话维系家庭"学生的案例给了我们很深的启发:班主任不光要研究事,更要研究人,特别要研究"问题学生"。思想教育要真正走进学生的心里,因为每一个难教育者的背后都有一段故事。

小A是班上有名的"刺头",违纪的小错天天有,大错三六九,而且说谎话面不改色心不跳。前一天丁老师刚因为她不诚实、说谎话而对她进行了语重心长的批评教育,她也感动得痛哭流涕,表示:"老师,我一定改。"谁知,在第二天学校组织的统一考试中,她又因为作弊被全校通报批评,这下丁老师真的生气了。小A到了放学时仍哭个不停:"丁老师对我这么好,我对不起丁老师,我一定改。"丁老师不放心,"让家长来接你。""爸妈离婚了,我妈出差了。"丁老师陪着她回到家,给她做饭,等饭端上了桌,小A又哭了:"我对不起丁老师,我又说谎了,我妈没出差,她离家出走了。"

丁老师感到很震惊,小A向丁老师倾诉了自己不幸的家庭:自记事起爸妈总是没完没了地吵架,自己成了他们争夺的"缓冲地带"。每当小A大哭的时候,爸妈的吵架就会停止,所以小A总是用哭来换取家庭暂时的安宁。有一次过生日,爸爸给她买了生日蛋糕,她正要高兴地吃,妈妈回来了,问:"谁买的?""爸爸买的。""你不准吃!"她正要放下,爸爸从里屋出来了:"你必须吃!"一场"家庭战争"又开始了。小 A 又一次用哭平息了这场"战争"。过了许久,她端着一杯水走进爸爸的房间,"爸爸,这是妈妈让我给你倒的。"爸爸的脸色顿时晴了许多。她又端着一杯水走进妈妈的房间,"妈妈,这是爸爸让我给你倒的。"妈妈的眼睛顿时放了光。从此,她学会了说谎,她用谎话来维系这个家庭。

"老师,我真的很苦恼,我下狠心想改,但就是改不了。""老师,我只要能当上班干部就不会说谎了。"第二天,丁老师召开班会,请同学们选举小 A 担任班内的文娱委员。当她以全票当选时,教室里响起了热烈的掌声,小 A 郑重地给同学们深鞠了一躬。从此小 A 变了,她不说谎了,为班级尽职尽责,学习成绩突飞猛进,最后考上了一所重点大学。她用第一次得到的奖学金为丁老师买了一件衣服,在给丁老师的信中她写道:"丁老师,是您挽救了我的灵魂,请让我叫您一声妈妈!"

二、童心、爱心、责任心使他成为中国的"苏霍姆林斯基"

这是第一次近距离接触李镇西。他是那样富有激情,一个半小时的报告始终站着讲,二十几年的班主任经历如数家珍,我们被他浪漫而温馨的教育情怀所感染,数次为他和学生感人的故事而流泪。李镇西是辛苦的,他二十几年如一日,苦读善教,孜孜以求教育的理想;李镇西是成功的,他不仅著作等身,还被誉为中国的"苏霍姆林斯基";李镇西是幸福的,他为学生创造了幸福的教育,也收获了每一届学生对他的信任和依恋。

童心:李镇西时时保持一颗童心,要和学生保持共同爱好,做有童心的教育者——用儿童的眼睛去观察,用儿童的耳朵去倾听,用儿童的兴趣去探寻,用儿童的情感去热爱。

李镇西向我们展示了一张张有趣的照片:冬天和学生打雪仗,夏天到原始森林探险,在大渡河畔举行毕业典礼,甚至还和学生比赛学狗叫……他那颗炙热的童心以及站在儿童的角度看教育的思维方式使他成为卓越的班主任,也成了以人为本的好校长。

爱心:李镇西认为师生之间的互相依恋,是师生无与伦比的精神财富。苏霍姆林斯基说,对孩子的依恋之情是教育修养中起决定作用的一种品质。李镇西在博客文章《你们是我永远的青春礼物》里谈道:"当时教这个班的学生的时候,我毫无经验,无论是班主任工作还是语文教学都谈不上有多么优秀,但我全身心地投入,把自己的生命融入了教育、融入了学生,并乐此不疲。如果说当初我这样做更多的是凭着青年人的热情和兴趣的话,那么,正是学生们对我的爱让我感到职业的幸福,这种幸福感成了我以后从事教育不竭的原动力。""是呀,一晃这些学生已经从十四五岁的小男孩、小女孩成长为帅哥、美女了,我却从风华正茂的小伙子成了中年人。但是和他们在一起,我便回到了年轻时代。时间还在流逝,他们还会从青年到中年,我也将渐渐步入老年,但和他们在一起的时光,是我永远的青春记忆。人生就是这么奇妙,完全是偶然的——他们在 20 年前闯进了我的生活,我们之间便拥有了三年共同的生活,我的生命曾经和他们融为一体。无论今后岁月如何流逝,无论我和他们将怎样慢慢变老,那三年时光,将是我永远的青春记忆。不只是这个班的学生,应该说,我和每一届学生相处的三年时光,都是我生命中阳光灿烂的日子。神秘的命运之神把一批又一批学生送到我的生活中,让我永远都和童心为伴,与青春同行,因此,我要对我所有的学生说——你们是我永远的青春礼物!"

李镇西的讲座中,特别让我感动的是他和著名作曲家谷建芬的友谊。我在佩服李镇西敢想、会想、大胆创新、勇于实践的同时,也为谷建芬高尚的品德、真诚的情怀所折服。

三、海尔,企业文化的经典

因读过介绍张瑞敏和海尔的一本书《中国第一 CEO 的智慧——张瑞敏如是说》,早就有参观海尔工业园的冲动,遂与两位同事商量同去,他们也很赞同。听完课,我们来到海尔工业园时华灯初上,只得失望离去。

第二天一大早,我们直奔海尔工业园。远远望去,海尔大楼在青岛实在算不上高楼大厦,但与众不同,九层方形大楼的四个角上各有一根朱红圆形柱子,方与圆的组合,意味着"思方行圆"。我们绕到大楼正面,见了妇孺皆熟的海尔吉祥物——海尔兄弟的雕塑。雕塑的背面雕刻着张瑞敏那篇著名的文章《海尔是海》,虽然我们对张瑞敏"什么叫不简单,把简单的事情做好就是不简单;什么叫不容易,把容易的事情做一百遍就是不容易""没有淡季的市场,只有淡季的思想"等名言耳熟能详,虽然这篇文章我几乎能背诵,但此时此刻,我仍抑制不住内心的激动,在此合影,以期留下永久的留念。

大楼旁边的湖,张瑞敏取名为"如意湖",湖畔的乾泉,水流叮咚。对乾泉,张瑞敏曾专门解释其寓意:乾泉之"乾"源于《易经》"君子终日乾乾",泉水涌动于八卦形中,生生不息,源源不断,喻海尔人自强不息、追求卓越的奋斗精神。

如意湖的东侧,就是韩美林的得意之作——五龙塔雕塑。五龙塔构思巧妙,塔身与奥运五环、巨型表组合成"中"字,从任何角度看都是这样的。五龙搭配更是匠心独具,四条龙怒目向天,诉说百年沧桑,顶龙呈"飞龙在天"之状。塔上巨型表似乎在分分秒秒警示着已经觉醒的海尔龙、中国龙为了民族企业的发展、为了中华民族的复兴而与时俱进、只争朝夕。

2007 年 5 月 15 日

转变作风清廉实干 创新观念科学发展

一、领导关怀篇

在上级的正确领导下,阳信县教育局党委认真贯彻党的十七大精神,坚持"全面推进、重点突破、标本兼治、力求实效"的原则,扎实推进党风廉政建设和反腐败斗争,为阳信县教育事业科学和谐发展奠定了坚实基础。

县委县政府坚持把教育放在优先发展的突出位置,主要领导、分管领导经常深入学校调研指导工作,定期研究教育工作,帮助解决实际困难和问题;在工作部署、资金投入、政策制定等方面加以倾斜,不断改善办学条件、提高教师待遇、优化队伍结构,为教育发展奠定了良好基础。各部门、各乡镇充分发挥职能作用,最大限度地支持教育的改革,为加快教育发展创造了良好的条件和环境。

二、解放思想篇

阳信县教育局党委深入开展"转变作风清廉实干 创新观念科学发展"解放思想大讨论,先后组织开展了向孟二冬、方永刚等模范人物学习系列活动,不断加强师德师风建设,制定了《阳信县教师职业道德"十不准"》,举行了教师干事创业报告会,大力实施教职工健身计划,增强了教育的凝聚力和向心力。深入开展了"洗脑""富脑"工程,举办各类培训班,开展了课堂教学达标提高、主题班会、教坛新星评选等活动,全面提高了广大教师实施素质教育的能力。

思想的大解放、观念的大更新,转变为广大教育干部、教师提升境界、自我超越的具体行动,为阳信县教育的和谐快速发展奠定了坚实的思想基础,涌现出了以全国优秀教师、党的十七大代表王玉贵,山东省优秀教师、首席名师王希奎为代表的一大批模范个人和以全国教育系统先进集体河流镇中学为代表的模范集体。

三、党建引领篇

阳信县教育局党委时刻牢记为人民服务的宗旨,以办人民满意的教育为目标,进一步树立立党为公、执政为民的思想。开展了星级党支部创建和优秀共产党员评选活动;组织领导干部到西柏坡上党课,重温入党誓词;定期召开党员干部民主生活会,积极开展批评与自我批评,切实提升执政能力,推进党的十七大精神进教材、进课堂、进学生头脑,大力培养和吸收优秀教师入党,永葆党的先进性。

教育局党委严格落实党风廉政建设责任制,每年年初与各单位主要负责同志签订《党风廉政责任书》,推行重大事项集体讨论制、岗位目标责任制、政务公开和服务承诺制、限时办结制、首问负责制、效能考评制、责任追究制等。在县纪委组织的各部门行风评比中,教育局连续六年列全县前茅。

四、警示教育篇

阳信县教育局党委大力推进廉政文化建设,积极倡导以廉为荣、以贪为耻的社会风尚。每年局党委都邀请县纪委、检察院、法院等部门领导向广大教育干部做反腐倡廉报告,组织观看警示教育录像,学习专题文章等,《局长荐文》也适时向教育干部推荐有关惩治教育腐败的案例文章。制定实施了《阳信县教育系统建立健全教育、制度、监督并重的惩治和预防腐败体系实施意见》,积极开展典型教育,进一步倡树清正廉洁之风,着力解决廉洁自律方面的问题,教育广大教育干部时刻保持清醒,干干净净做事,清清白白做人,把住道德和法纪底线,努力做"为民、务实、清廉"的人民公仆。

五、事业发展篇

党风廉政建设的扎实开展,为全县教育事业的科学和谐发展提供了有力保证,素质教育稳步推进。全面落实《山东省普通中小学管理基本规范》,坚持德育为先,育人为本,规范各种办学行为,规范课程和课时,规范学生作息时间。广泛开展"阳光体育"运动,开展各项教育实践活动,推进素质教育深入实施。办学条件明显改善,近几年共争取资金 3 707 万元;完成新建校舍 3.3 万平方米;新城区学校筹建工作进展顺利;为全县 22 所中小学配备了教学仪器,投资 878 万元实施"校校通"工程,使阳信县教育信息化水平步入全市先进行列。安全工作稳定推进、扎实有效,开展了"百日会战""隐患整治年""安全活动月"等活动,确保了师生安全。

六、成果荣誉篇

历尽艰辛成此景,而今迈步从头越。阳信县教育局将在上级党委的坚强领导下,牢记办人民满意教育的宗旨,团结带领全县教育系统干部职工进一步解放思想,创新实干,为构建和谐阳信、建设富裕和谐的"鸭梨之乡"做出新的更大的贡献!

（本文为 2008 年 9 月笔者为阳信县教育局党风廉政建设展板撰写的配文）

体悟知恩　学会报恩　倡导施恩

全县中小学深入开展"学会感恩,共创和谐"主题教育活动

为引导广大青少年学生树立"心中有祖国,心中有集体,心中有他人"的意识,培育学生的健康心态,塑造学生的健全人格,2007 年阳信县中小学深入开展了"学会感恩,共创和谐"主题教育活动。

主题教育首先要让学生学会"知恩",使学生明白每时每刻都在享受着父母、老师、同学和学校、社会的恩惠,人人都应以感恩的心来对待周围的人。其次是让学生学会"报恩",通过感恩教育,让学生懂得对他人应心存感激,学会理解、关爱和回报他人。该教育活动的目标是倡导学生"施恩",尽自己所能地去帮助身边需要帮助的人。

该主题教育活动分宣传发动、组织实施、总结评比三个阶段实施。

在宣传发动阶段,教育局成立了全县"学会感恩,共创和谐"主题教育活动领导小组,各乡镇教委逐级成立了领导机构,严格组织实施,每个乡镇确立一处示范学校,每个学校确立一个示范班级。教育局出台了《阳信县中小学"学会感恩,共创和谐"主题教育活动方案》,并把感恩教育作为中小学德育工作的切入点。各学校向学生发出"知恩、报恩、施恩"倡议,并致家长公开信,利用班会、国旗下讲话、校报校刊等阵地,全方位地进行宣传发动工作。

组织实施阶段,重点从五个方面开展教育实践活动。

(1)感恩社会的关爱。组织学生开展读书活动,阅读有关英雄人物的书籍,观看爱国主义教育影片,祭扫革命烈士墓。开展服务社区活动、志愿者送温暖活动,激发和增强学生报答社会、感恩社会、报效祖国的深刻情感。

(2)回报父母养育之恩。在家中打扫卫生、叠被、洗碗、洗衣服,向父母送一句温馨的祝福、讲一个开心的故事、赠一个亲手制作的礼物,为父母揉揉腰、捶捶背、洗洗脚,教育学生感谢父母养育之恩。

(3)感谢老师的教诲之情。结合新学年开学教育和庆祝第 23 个教师节活动,开展"浩荡园丁恩,拳拳桃李情"演讲会和作文比赛,开展向老师献真情活动。

（4）感谢同学的爱心相助。开展以"牵手同学，共同进步"为内容的主题活动，为同学、班级做一件有益的事，掀起互帮、互助、互学、互进的热潮，增进同学之间的友谊。

（5）感恩自然的赐予。开展爱护自然、保护环境、节约资源的活动。在植树节、世界环境日、节能宣传周期间，要求每一个学生主动植一棵树，养一盆花，节约一度电、一滴水、一分钱、一粒米，自觉成为爱护自然、保护环境、节约资源的实践者。

在总结评比阶段，教育局有关领导多次对各单位开展感恩主题教育活动情况进行专项检查和指导，并在全县范围内组织学习和观摩做出突出成效的学校。

一年来，全县中小学以组织主题班会、阅读感恩文章、传唱感恩歌曲等活动为主要形式，先后组织了驻城学校学生祭奠革命烈士墓活动、全县中小学生"我让父母感动的一封信"写作比赛及全县中小学生"学会感恩，共创和谐"演讲比赛等。教育局通过网络平台向全县各中小学推荐《感恩教育阅读文选》52篇，演讲比赛获奖作品在《阳信通讯》连载后产生了良好的社会反响。

（本文为2008年1月笔者为阳信电视台感恩教育专题报道节目撰写的解说词）

我县举办"弘扬和培育民族精神"中学生知识竞赛

为进一步弘扬和培育民族精神,纪念中国工农红军长征胜利 70 周年,深入践行社会主义荣辱观,2006 年 10 月 28 日,阳信县在县职业中专举行"弘扬和培育民族精神"中学生知识竞赛决赛,来自 9 个乡镇 16 所初级中学和阳信县实验中学的 17 支代表队参加了决赛。

此前,阳信县已经在全县 1 万余名中学生中进行了初赛并选拔出决赛选手。决赛有必答题、抢答题、共答题、风险题等题型,涉及政治、历史、文学、法律法规、人生哲理、民俗文化等多方面知识。参赛选手文明参赛,踊跃答题,赛出了风格和水平;现场学生也积极参与,气氛友好而热烈。经过激烈角逐,水落坡中学代表队获一等奖,玉友学校、商店中学和洋湖中学三支代表队获二等奖,阳信县实验中学、劳店一中、劳店二中和温店镇中学四支代表队获得三等奖。

(本文为 2006 年 10 月 31 日笔者为《阳信通讯》撰写的新闻报道)

山东省阳信县教育局
举行首届中小学优秀主题班会评选

　　为将社会主义核心价值体系融于国民教育全过程,大力实施德育创新工程,2007 年 11 月,山东省阳信县教育局组织开展了首届全县中小学优秀主题班会评选活动,来自各乡镇中小学、阳信县实验中学、阳信县实验小学的 36 名中小学班主任先后登台参赛。

　　各参赛班主任按照"近、小、亲、实"的原则,选取和挖掘了与学生生活密切相关的"迎奥运,树新风""庆祝党的十七大,身边看变化""团队精神培养""感恩情怀的培育""安全意识与自我保护"等主题,运用情景熏陶、启发疏导、自主体验、合作探究等灵活的教育方法,辅助有效的多媒体教学手段,为学生献上了一道道精神的大餐。一堂堂生动的主题班会如春风化雨,滋润着学生的心田,使他们的心灵受到了震撼。学生纷纷表示,要心怀感恩之情,从自我做起,从身边的小事做起,讲文明,讲合作,立志发愤读书,完善人格,提升境界,争做中国特色社会主义事业的建设者和合格接班人。

　　全县中小学优秀主题班会评选活动的成功举行,指引和规范了班主任的教育行为,拓展了教育渠道,为学习贯彻党的十七大精神,坚持"贴近实际、贴近生活、贴近未成年人"的育人原则,创新德育工作思路,进行了有益的探索。

　　(本文为 2007 年 11 月笔者为《德育报》撰写的新闻报道)

不再"一锤定音" 全面衡量学生

山东省阳信县建立完善中小学生综合素质发展评价体系

近日,阳信县教育局出台《阳信县小学生综合素质发展评价实施方案》。该方案连同 2005—2006 学年在全县业已推行的《初中学生综合素质发展评价手册》,共同构成了完善的适应新课改精神和素质教育要求的中小学生评价体系。

该评价体系以科学发展观为指导,全面贯彻党和国家的教育方针及新《义务教育法》精神,包含思想品德与行为素养、基础性课程学习、拓展性课程学习、学业成绩、课外阅读和收获评价六部分。每学期对学生进行评价时,建立以学生客观自评为基础,以班主任为轴心,任课教师、学生代表共同参与的多元评价机制。在自评、互评、师评的基础上,由班主任代表教师评价小组对学生的发展做出综合评价,评价结果分优秀、良好、合格、待合格四个等次。评价结果交由学生本人,并征求学生家长意见。评价结果还将作为评价学生在该学段是否合格的依据,并作为升学和学生评优的重要标准,具有重要的参考意义。

新的学生评价体系改变了长期以来单纯凭考试分数评价学生的局面,全面反映了学生的发展状况和学习水平,有利于培养学生的创新精神和实践能力,以促进学生的全面、和谐、健康发展。

(本文为 2006 年 10 月笔者为《德育报》撰写的新闻报道)

我县成功举行首届中小学班主任综合素质大赛

为深入贯彻落实《教育部关于进一步加强中小学班主任工作的意见》,进一步提高全县中小学班主任队伍的素质和能力,推动中小学班级管理工作再上新台阶,2008 年 12 月,阳信县教育局成功举办了首届全县中小学班主任综合素质大赛。

竞赛设小学、初中两个组别,分乡校预赛和全县决赛两个阶段进行,竞赛内容分为三项:笔试(内容包括政策法规、班主任理论、教育案例撰写),"我的教育故事"演讲,主题班会课。所有中小学班主任都参加了乡校举行的预赛,推选出小学班主任 30 名、初中班主任 28 名参加了最后的决赛。最终,阳信县实验小学孙娜、阳信县实验中学刘清霞脱颖而出,分获小学、初中组第一名;阳信县实验小学、水落坡乡教委、翟王镇教委分获小学组团体前三名;阳信县实验中学、小桑中学、翟王镇中学分获初中组团体前三名。

全县首届中小学班主任综合素质大赛的成功举行,规范了班主任的教育行为,提升了班主任的综合素养,拓展了教育渠道,对促进中小学班主任由经验型向专家型、科研型转变,推进名师战略发挥了重要作用。

(本文为 2008 年 12 月 16 日笔者为《阳信通讯》撰写的新闻报道)

阳信 108 所学校开展"学会感恩,共创和谐"活动

　　(通讯员 李树坤 陈辉)　为引导青少年树立"心中有祖国,心中有集体,心中有他人"的意识,培育学生的健康心态,塑造学生的健全人格,帮助学生知荣明耻、学会做人、学会与人和谐相处,在今年的全县教育局工作会议上,阳信县教育局决定在全县 108 所中小学校中开展"学会感恩,共创和谐"主题教育活动,向学生发出了学会"知恩、报恩、施恩"倡议,向家长发出了致家长的公开信。

　　在这次教育活动中,各学校充分利用班会、国旗下讲话、校报校刊、学校广播、宣传橱窗等阵地,全方位开展"学会感恩,共创和谐"主题教育活动。开展爱祖国、爱人民、爱社会主义的教育活动,使学生体会到党和社会的关爱。组织学生开展阅读有关英雄人物的书籍、讲革命战争故事、观看爱国主义教育影片、祭扫革命烈士墓活动。开展服务社区活动、志愿者送温暖活动,激发和增强学生"报答社会,感恩社会,报效祖国"的深刻情感。学生要懂得回报父母的养育之恩,在家中通过打扫卫生、叠被子、洗碗、洗衣物体会父母的艰辛和不易,向父母送一句温馨的祝福、讲一个开心的故事、赠一个亲手制作的礼物,为父母揉揉腰、捶捶背、洗洗脚,教育学生感激父母养育之恩。组织全县中小学生开展以"不忘养育之恩,发奋成人成才"为主要内容的"我让父母感动的一封信"写作活动。教育学生要感激老师的教诲之情,结合新学年开学教育和庆祝第 23 个教师节活动,开展"浩荡园丁恩,拳拳桃李情"演讲会和作文比赛,开展向老师献真情活动(写一封信、做一张贺卡、献一束鲜花、送一句祝福话等),表达对老师的感激之情。教育学生要感谢同学的爱心相助,开展以"牵手同学,共同进步"为内容的主题活动,为同学、班级做一件有益的事,掀起互帮、互助、互学、互进的热潮,增进同学之间的友谊。教育学生要感恩大自然的赐予,开展爱护自然、保护环境、节约资源的活动,在植树节、世界环境日、节能宣传周,要求每一个同学主动植一棵树,养一盆花,节约一度电、一滴水、一分钱、一粒米,自觉成为爱护自然、保护环境、节约资源的实践者。要求各中小学、幼儿园传唱《感恩的心》《懂你》《长大后

我就成了你》《爱的奉献》等感恩歌曲,编演以感恩父母、感恩老师、感恩社会为主题的文艺节目。举办"学会感恩,共创和谐"演讲比赛和手抄报比赛。

　　据该县教育局一位活动负责人介绍,开展这次教育活动的目的是要使所有学生学会"知恩、报恩、施恩"。"知恩"是通过感恩教育,使学生明白每时每刻都在享受着父母、老师、同学和学校、社会的恩惠,人人都应以感恩的心来对待周围的人。"报恩"是通过感恩教育,让学生懂得应对他人心存感激,学会理解、关爱和回报。"施恩"是继承和发扬中华民族的传统美德,尽自己所能去帮助身边需要帮助的人。

打碎玻璃后的谈话

1998年4月的一天,晚自习熄灯铃响后,整座教学楼先后熄了灯,初三四班的三名学生王××、范××、刘×三人最后熄灯、关门,准备结伴回家。在三楼走廊,刘×突然说:"你们谁敢用手掌击碎走廊的玻璃吗?""这有什么不敢?""啪!啪!"随着两声清脆的响声,王、范二人先后用手掌击碎玻璃。三人正有说有笑地下楼,被闻声赶来的值班校长堵了个正着,第二天,三人被班主任扭送到德育处,作为学校德育处主任的我处理了这一事件。

作为德育处主任,我时常被这一级学生困扰。这一级共六个平行班,班主任多是年轻老师,做班级思想教育工作往往简单粗暴,因此对学生的养成教育、公德教育效果较差,学生违纪事件接连不断。我没有给他们班上过课,与他们也不熟悉。我先分别与三位学生座谈,核实事件发生的前因后果,之后与三人做了集体谈话:"一个人活在世上肯定要干事情,按照事情对他人、对自己产生的效果,大致可以分为四类:利人利己、损人利己、利人损己、损人又损己,请思考一下昨晚你们的行为属于哪一类?"三人很快达成了共识:其行为既破坏了学校的财产又可能伤害自己的身体,属于损人又损己这一类型。然后我又引导他们:"哪一种行为是最应该做的,哪一种行为又是最不应该做的?"他们也很快回答:"最该做利人利己的事,最不该做损人利己的事情。"

看火候到了,我深情说:"你们已经十五六岁了,居然对别人无意说的话不思考对人对己造成的利害就感情冲动,贸然尝试。你们很快就要初中毕业了,有的人要到高中继续学习,也有的人可能要直接参加生产或工作,你们以这样的心态走上社会是非常危险的。今后你们要为自己的行为负责!一个人犯错误不可怕,可怕的是再重复同样的错误!"

一席话令三位学生为自己的鲁莽行为追悔莫及,他们自己制定了惩罚措施:

①在升旗仪式后向全校师生检讨自己的过错,将检讨书张贴在"警示栏"直到毕业,以提醒其他同学不要犯同样的错误;②赶快安装被损坏的两块玻璃,费用三人均摊;③利用毕业前的一个多月时间尽力为学校、为班级做好事。我同意了他们对自己的惩罚请求。从此,校园里多了三位志愿者:路边的垃圾有人捡,同学遇到困难有人帮……

〔评析〕众所周知,初中生正处于青春期,他们辨别是非的能力还很差,往往意气用事,逞强好胜,不能做到三思而行。我没有因他们犯下的低级错误恼羞成怒,而是与他们进行了谈话,耐心启发与引导。一道"四选一"的选择题不但使他们认识到了自己的行为是损人损己的下下策,而且升华了境界——要做利人利己的事,也许这次谈话会令他们终身受益。适度的惩罚是他们自我警醒、自我内化、形成健全人格的动力。

（本文为 2007 年 11 月笔者在山东省骨干班主任培训中提交的教育案例）

陈辉委员就阳检专咨〔2016〕1 号咨询的意见

阳信县人民检察院有关负责同志：

贵院 4 月 27 日送达的〔2016〕1 号咨询函收悉,现就涉案未成年人犯罪嫌疑人心理活动规律问题答复如下。

1. 关于"未成年人面对违法犯罪之类的人生挫折时心理活动的规律"

咨询意见:14～18 周岁的未成年人正处于生理发育期、心理叛逆期、人生观形成期。在这从幼稚走向成熟的人生特殊过渡阶段,未成年人心理呈现如下特点:一是法治观念淡薄。尽管学校也开设了思想品德、法制等相关课程,但仍有相当一部分未成年人不了解不良行为要承担怎样的法律责任,有的即使知道做坏事是违法、犯罪行为,但仍存在侥幸心理。二是心理脆弱。一部分未成年人自控能力差,易冲动,难以把握和控制情绪,对行为后果不管不顾,许多案件是因鸡毛蒜皮的小事没有及时、有效管控而升级成违法、犯罪行为。三是家庭教育缺位。孩子的性格特点、行为习惯、处事方式是父母综合影响的投射,问题孩子的背后是问题家庭。四是物欲强烈。受拜金主义影响,一些未成年人有贪图享受、爱慕虚荣、讲排场、比阔气等不良心理,看到别人一掷万金心理失衡,当正常的家庭条件无法满足其日益膨胀的物欲时,往往铤而走险。五是哥们儿义气浓厚。未成年人违法犯罪呈现的群体性事件显示,有时他们与被害人根本不认识,而是"一哄就上"。

当未成年人违法、犯罪行为发生后,到了审查、起诉阶段,他们意识到自己的行为对社会、公民造成的危害时,往往会产生极大的心理恐惧,大部分未成年人会懊悔、自责,也会责怪同伙的唆使以及监护人的放任,在行为上他们往往承认违法、犯罪事实,真心悔改,从而配合检方工作。少部分未成年人会因惧怕承担法律责任而产生对抗情绪,不配合检察人员的问讯,甚至遮盖掩饰关键情节,避重就轻,想办法为自己开脱。

2.关于"在上述人生挫折出现时未成年人的心理需求"

咨询意见:未成年人违法、犯罪行为发生后,起先他们往往觉得"行之有理",为自己的行为寻找"依据",不乏强词夺理、无端辩解。随着司法程序的推进,当对自己行为的社会危害性有了一定认识后,他们会产生恐惧、后怕心理,对受害人、对自己的家人有负罪感。此时他们渴望受害人的宽恕,渴望家庭的温暖,渴求社会的接纳,渴求社会保障他们的升学、就业等权利,此时亟须监护人、师长、亲友的疏导、抚慰。办案人员取得违法犯罪未成年人的信任对司法程序的顺利进展显得尤为关键。

3.关于"办案人员进行心理疏导、教育等帮教活动时需要重点关注的事项"

咨询意见:正是因为未成年人的世界观、人生观未定型,尚处于可塑期,所以办案人员要将"教育、感化、挽救"的方针贯彻始终,坚持教育为主、惩罚为辅和特殊保护的原则,做到宽严相济、不枉不纵,努力实现办案质量和社会效益的有机统一。针对未成年人突然面对的违法、犯罪等重大心理挫折,在审查、起诉阶段要吸纳学校、妇联、共青团、社区等组织在内的专业人员对违法、犯罪未成年人进行心理疏导,力争以此为契机,帮助其树立正确的人生观、价值观。

一要切实保障权利。依法保护涉案未成年人的名誉权、人格权以及未成年犯罪嫌疑人的各项诉讼权利。

二要坚持办案育人。要打消未成年人的恐惧心理,教育引导未成年人认识到违法、犯罪给他人和社会造成的人身、财产及精神损失,敦促其认错悔罪并勇于承担一切法律责任,树立重新做人的信心。

三要争取自首立功。帮助未成年犯罪嫌疑人抓住认错、悔罪机会,争取自首或者立功表现的机会。

四要建立回访、跟踪制度。对于被判处缓刑、刑罚执行完毕以及不捕不诉的未成年人,及时掌握其思想动态和日常表现,帮助其解决学习和生活中遇到的困难,加强与监护人的联系,责成加强管教,防止回归社会后重蹈覆辙。

以上意见仅供参考,不当之处敬请指正。

减少未成年人违法、犯罪造成的社会危害是教育工作者应尽的社会义务,更是本咨询委员义不容辞的责任。本委员愿意为加强未成年人思想道德建设,推进依法治国多做力所能及的工作。

阳信县人民检察院专家咨询委员会委员　陈辉

2016 年 5 月 6 日

附：

阳信县人民检察院
关于向专家咨询委员的咨询函

阳检专咨〔2016〕1 号

专家咨询委员会陈辉委员：

为进一步增强我院决策的民主化、科学化，推动检察工作科学开展，根据《山东省人民检察院专家咨询委员会工作办法》《阳信县人民检察院专家咨询委员会工作办法》，现就如下问题进行专家咨询。

我院在办案中发现，涉案未成年犯罪嫌疑人心理活动复杂，办案人员对其心理活动规律认识不足，现咨询：

1. 未成年人面对如违法犯罪之类的人生挫折时心理活动的规律；

2. 在上述人生挫折出现时未成年人的心理需求；

3. 办案人员进行心理疏导、教育等帮教活动时需要重点关注的事项。

请您在收到该函后 15 日内就上述问题提出专家咨询意见。

阳信县人民检察院

2016 年 4 月 27 日

家庭家教篇

风物长宜放眼量　而今迈步从头越

灏轩：

　　昨天欣闻你在全校综合学习竞赛中荣获全年级第一名，激动心情不胜言表，特向你表示祝贺！天道酬勤，这是你的勤奋与执着得到的最好奖赏，"全年级第一名"虽不排除偶然因素，但意义非同寻常，你不仅收获了知识与技能，更重要的是收获了自信。在你身上仿佛找到了我当年的影子。这两天你充分体验到了学习给自己带来的快乐，也许你也正期待着表彰大会的召开。儿子，在 2008 年来临之际，爸爸非常想以这种方式与你进行沟通与交流，不仅想带给你祝福，更想带给你希望与忠告。

一、有志者事竟成——成功的原因分析

　　高标定位是成功的前提。自步入初中以来，你在学习上的进取心发生了质的飞跃。我发现，你给自己定了比较高的学习目标，由最初怕老师看不起，怕因学习不好给爸妈丢脸，升华到与同学竞争，努力做最好的自己。因贪玩而粗心的你变成了好学上进的你，正如高尔基所说，"一个人追求的目标越高，他的贡献就会越大，对社会就越有益"。

　　勤奋进取是成功的基础。入初中后，你学习勤奋，珍惜时间，早起晚睡且怕回家吃饭耽误学习而来去匆匆。也许许多人都说你像我一样聪明，但只有你自己清楚，荣誉和成绩的背后是艰辛的付出，"自古勤奋即天才，功到自然茅塞开"，正如一代文豪鲁迅所言，"我哪里是天才，我是把别人喝咖啡的工夫都用在工作上了"。

　　均衡发展是成功的两翼。所有的文化课你都重视，合理分配精力而且力争学好。对，现在社会需要的是基础扎实、底盘宽厚的复合型人才。文理兼备必将给你打下坚实的基础，今后到高中、大学乃至走上工作岗位，你都将享受到触类旁通、左右逢源给学习、工作带来的红利。

　　突破语文有了成效。我认为你的语文没学好的原因主要有两点：一是读书

少,积累不够;二是对生活思考少,作文没有深度。可喜的是因为换了语文老师,激发起了你的学习兴趣,几次语文考试成绩都有了进步。

二、宠辱不惊——成大事者可贵的心理品质

儿子,你考了全年级第一名,你面对的多是表扬和荣誉,但你可能不会想到:困难与挫折是考验,而鲜花和荣誉将是更大的考验。"争冠军容易保持冠军难",第一名会让你的心理悄悄发生变化,有一种"一览众山小"的感觉,人的进取精神会在自我感觉良好中逐渐消磨,再者,人都有虚荣心,都愿意听顺耳的话。殊不知,今天你赢了人家,其他人都会以你为榜样,也都以超越你为目标,所以我要告诫你,千万要保持清醒的头脑,荣誉只属于过去,未来还要靠努力,靠更加勤奋和科学的努力。以前的成绩除了增强信心外,不要再赋予其他意义,实际它也没有很大的意义——今天你赢人家,反过来人家也可以赢你。"宠辱不惊,闲看庭前花开花落;去留无意,漫随天外云卷云舒",宠辱不惊是一个人应达到的至高境界,不知你能否理解。"学,然后知不足;教,然后知困",学习是艰辛的劳动,永远没有终点,"没有最好,只有更好"。凡是成就大事的人都会胜不骄而败不馁。我从学生时代到工作,不知获得了多少次第一,也不知受到了多少赞誉,我都能泰然处之,至今我仍非常感激你奶奶对我的忠告:"儿子,人外有人,山外有山,考好了可千万不要骄傲啊。"在工作上,特别是遇到困难的时候,我都坚定信心,愈挫愈勇,从失利中看到希望,从困境中找到办法,从而取得了成功。

三、迈步从头越——努力做最优秀的自己

李清照"生当作人杰,死亦为鬼雄"体现了追求卓越的人生态度,要做最好的自己,必须客观剖析自己,自强先自省。"凡事预则立,不预则废。"智者与庸者最大的区别是智者时时能够发现自己的不足并善于积极学习、吸收别人的长处,以扬长补短。科学发展的要义是全面、协调、可持续。着眼于你的科学发展,着眼于三年半后的高考,我觉得你还应从以下方面逐步加以改进和提高。

(1)明确人生、学习的目的和意义,追求人格的自我完善。人的境界有多高,舞台就会有多大。常人和凡人最大的区别就是境界的高低。现在我可以结合我40年的人生体会说:人生的意义在于实现自我价值。当代中学生要树立远大的志向,立志为社会多做贡献,要以一颗感恩之心对待他人、对待社会,这才是好好学习的动力和不断进取的源泉。

(2)规范行为习惯。天下大事必做于细,天下难事必做于易。细节决定成败,要成为优秀的人才,必须从小事做起,从行为习惯做起。好的行为习惯就像银行的利息,你会终生享受它带给你的幸福。

（3）加强语文学习和积累。语文是学习其他知识的基础,我的体会是学好语文会受益终生。我教数学多年,但原来在阳信县实验中学工作时我的文字功底曾让不少语文教师汗颜,现在教育局工作也广受好评,这些都归功于我多年养成的爱看书、爱读报的习惯。学好语文的前提是勤于读书、勤于积累。"熟读唐诗三百首,不会作诗也会吟",处处留心皆语文,学语文最有效的方法是多读多记。你还是有些懒,读书笔记质量不高。今后你要有计划地大量读写古诗词、阅读名著,建议你专门建一个名言警句本,日日读,随时记,这样日积月累,从量变到质变,才能厚积薄发,才能有可持续发展的潜力。

（4）下苦功提高作文水平。作文水平不高的根源是观察思考能力不高,对生活的感悟差。你对作文在高考中的地位是清楚的,所以必须高度重视。我觉得你不愿看《新闻联播》《新闻调查》《焦点访谈》《人物访谈》等电视栏目,也不喜阅读人物传记,这些都限制了你的视野和思维深度。高中考试主要是写议论文,这方面的能力尤其需要培养。

（5）提高动手实践能力,增强应用意识。物理、化学还有生物是实验科学,可能课堂上老师以讲为主,但你要明白今后中考、高考侧重考察学生的动手实践、实验能力,所以学习这些学科时你不但要背知识点,而且要保持探究的学习兴趣,能够创造条件坚持实验。你的手很巧,相信你能做得更好。其他学科如数学、英语现在都注重设置问题情景,强化解决实际问题,学习英语要尽量多看些浅显的英文读物,这对迅速提高英语水平有帮助。

（6）分出一定精力进行数学竞赛题训练。数学竞赛题都是用特殊方法解的,数学竞赛更多的是训练思维的广阔性与严谨性,经过数学竞赛训练的大脑会有独到的思考问题的方法。

（7）努力提高学习效率。效率是单位时间里做的功,着眼于可持续发展。我不允许你起早和晚睡,因为这样做即便成绩好也不会有后劲,仅靠拼时间取得的成绩是不可靠的、不可持续的。上课一定要全神贯注,把问题解决在课堂上,在自己可支配的时间内按计划给自己"充电"。假期要周密安排休息与放松,培养合理的兴趣和爱好,享受多彩的生活乐趣。

爸爸　陈辉

（本文为 2008 年 1 月 1 日笔者欣闻儿子灏轩获全校综合学习竞赛全年级第一名时写给他的信）

书香温润家庭　阅读滋养人生

　　我家是普通的三口之家。我叫陈辉,现年 41 岁,中共党员,中学高级教师,1986 年参加工作,先后在翟王中学、阳信县实验中学任教,现任阳信县教育和体育局基础教育股副股长、德育办公室主任。妻子李淑芳,现年 41 岁,中共党员,中学高级教师,1988 年参加工作,现任阳信县实验小学教务处主任。儿子陈灏轩,现年 16 岁,阳信二中高一学生。

一、阅读成为习惯

　　作为典型的教育家庭,爱岗敬业是我家三人共同的特点,喜欢读书是我们共同的爱好,工作之余必阅读,不动笔墨不读书已成为多年养成的习惯。我们平时去得最多的地方是书店、书亭、书摊,每到外地必定买地图、逛书店,一有闲暇手不释卷。涉猎范围包括名人传记、名著经典、政策法规、教育理论、报刊文摘等。近几年,家里配备了电脑、打印机,我们更注重网上阅读。我们定时整理、装订报刊,业余时间仔细品读,发现好的书籍、文章,推荐给全家分享交流。

　　浓厚的家庭读书学习氛围也使儿子受到了熏陶,他小时候往往听着故事进入梦乡,现在则养成了早起阅读的习惯,读名著、背古诗、颂名篇打下的扎实功底使他厚积薄发,学习成绩逐年提升。

二、藏书财富

　　多年养成的阅读习惯使我们有固定开支用于购买书籍,多年坚持自费订阅《读者》《中国剪报》《人民教育》《教师博览》《中小学生阅读》等报刊,书刊占据了我家的写字台、书橱、壁橱、储藏室。近几年,网上淘书更显便捷,我先后与全国各地几十位书友建立了业务联系,现存藏书达 4 500 余册。1996 年我家被省妇联评为"齐鲁百户爱书家庭",并荣幸地代表滨州市参加了在济南举行的颁奖仪式。1999 年我被团市委评为"滨州市十大青年藏书家"。

三、读书推进成长

爱书、读书提升了我和妻子的整体素质,推进了专业发展。我们都从中等师范学校毕业,参加工作以后,通过自学先后拿到了专科、本科学历,并破格晋升为高级职称。作为数学教师,我两次获全县初中教师基本功考核第一名;主持的初中数学分层教学实验成为在省、市立项的实验课题;在全市教改经验交流会上做"全面落实教育方针,全面提高教学质量"的报告;参加编写的《目标教学典型教案选》《初等数学思想方法》《初中数学复习指导》等书籍公开出版发行;被评为市级教学能手、市级学科带头人,第三届阳信县十大杰出青年、先进工作者、优秀党员、师德标兵,并于2001—2002年参加了"跨世纪园丁工程"省级骨干教师培训。

妻子李淑芳坚持在阅读基础上写教学心得,先后有多篇文章在《山东教育》《小学生读写》《滨州教育》发表;参加编写的《体验新阅读》《小学语文同步读写》《小学语文基础训练》等书籍公开出版发行;主持的"小班化研究""合作探究自主发展阅读模式初探"等多项课题被评为全国、省优秀科研成果;作为课题组组长,"多元智能理论在语文综合性研究中的应用研究"于2008年9月顺利通过了省专家鉴定;先后两次被评为滨州市优秀教师,连续四年获得"县政府园丁奖",先后荣获市级教学能手、学科带头人,县优秀党员等称号,并于2001—2002年参加了"跨世纪园丁工程"国家级骨干教师培训。

儿子陈灏轩品学兼优,素质全面,有两篇作文在省级报刊发表,先后被评为省级三好学生,市、县级优秀学生干部;作为阳信二中学生会主席,多次在学校组织的主题实践活动中做典型发言。

四、阅读照亮他人

书籍改变世界,读书滋养人生。"读一本好书就是和许多高尚的人谈话。"凭着多年来对读书的理解,我们常把书籍作为馈赠学生、同事、亲朋、子女的最好的礼物,使他们在阅读中启迪智慧、提升境界、感悟人生、完善自我。

作为学校语文教师、教务处主任,妻子李淑芳全力推进"中华诗词进校园"活动,积极进行大量阅读实验。先后组织编印了校本诗词诵读教材,并把家庭收藏的图书、杂志、报纸推荐给学生阅读,因此所教班级的学习成绩总是名列年级前茅,指导的学生作文有20多篇在《小学生阅读与写作》《当代小学生》等省级以上报刊发表。

在学校任教期间,我把《读者》《青年文摘》等报刊上刊登的一篇篇冶情励志的文章通过壁报栏、宣传橱窗、校报等途径推荐给广大学生,提升他们的思想境界,调动学习激情。现在作为阳信县教育和体育局德育办公室主任,我把推进学生阅读作为陶冶学生情操、完善人格、推进德育创新的重要载体,在全县中小学倡导读书活动,启动了传统文化教育、感恩教育、养成教育等主题教育活动。向全县中小学教师推荐阅读《爱心与教育》《德育报》《班主任之友》《班主任兵法》等书籍报刊,通过办公平台向全县中小学师生推荐《感恩教育阅读文选》《养成教育阅读文选》等书中的优秀文章近100篇,向广大中小学生推荐《新学堂歌》,这些文章被各学校作为学生课外阅读的范文、校报校刊的选文以及语文课堂学习的素材。我组织编写的地方德育教材《感恩教育读本》印发至全县中小学,供师生阅读体悟,受到广泛好评。

五、品味读书人生

苏霍姆林斯基说,教师要提高自己的教育素养,就是要读书,读书,再读书。作为教育工作者,买书—读书—教书构成了我人生的主旋律,二十几年来,一以贯之。培根说:"读史使人明智,读诗使人灵秀,数学使人周密,科学使人深刻,伦理学使人庄重,逻辑修辞之学使人善辩。"读书提升了我们的专业素养,使我和妻子在工作和学习中驾轻就熟,成为领导器重、家长信赖、学生爱戴的优秀教师。读书,让我们以经典为友,与崇高为伍。读书更使我们启迪了智慧,陶冶了性情,完善了品格。读书虽有板凳要坐十年冷的孤寂,但使我们保持了心灵的宁静与淡泊。教师虽是一份奉献的职业,但我和妻子"赠人玫瑰,手有余香",也享受到了教育的幸福。新报刊来到,三口人争相传阅,一篇美文让全家泪流满面的场景,更使我们感到书香家庭的温馨与人生的充实。多年来,我和妻子模范遵守职业道德、社会公德和家庭美德,模范践行社会主义荣辱观,在单位爱岗敬业、团结互助,在生活中尊老爱幼、文明清廉。

"腹有诗书气自华,笔有千钧任翕张。"读书、教书、做事、做人将是我家人不变的追求!

(本文为2009年7月笔者参评山东省"百佳书香人家"评选提交的申报材料)

陪护日记(节选)

　　按：父亲因多年吸烟史不幸罹患肺栓塞。肺栓塞是当今世界公认的疑难病症。得益于多年来工作中养成的"问题导向与研究思维"，我通过网络求医幸运地找到北京朝阳医院杨媛华主任团队，又通过他们转诊到了安贞医院并由甘辉立大夫主刀手术。

　　父亲患上疑难病症是不幸的，但能在全国顶级的医院成功接受手术又是极其幸运的。现在父亲每天都有规律地生活，如喝茶、看电视、与棋友对弈、跟同龄人聊天、骑电动车载着母亲买菜、陪伴母亲走亲访友。

　　当年父亲诊疗、手术共住院 56 天，陪护期间我每天记录父亲病情诊断、手术、康复的重大节点，自己的所思所为，与家人、亲友的联络交流等，形成了约 3 万字的文稿。2013 年春节我将其打印装订成四本，我们弟兄三个每人一本，把大字本留给父母。父亲高昂的诊治费用给我们的家庭带来了暂时的困难，但在困难面前全家老小凝心聚力、共克时艰良好家风却是我们享用不尽的精神财富。

一、前言

　　父亲多年的饮食习惯是喜油好肉，不咸不吃饭，因而几年前患上的高血压自 2007 年开始加剧，每到秋冬之交，就感觉胸闷，呼吸困难，严重的时候会出现昏厥现象，所以每年春天或秋天都要住院一次。2007 年、2008 年先后在医院按心衰、冠心病治疗。2009 年被医生诊断为栓塞性肺动脉高压，经两次住院抗凝治疗虽暂时缓解病情，但效果并不理想。医生的解释是病发已经好几年了，错过了溶栓治疗的最佳时机。自 2010 年开始，我就在网络上搜寻关于肺栓塞的治疗信息，了解到北京朝阳医院的杨媛华大夫治疗肺栓塞技术国内领先，且网络上评价其德艺双馨，于是我在"好大夫在线"网站注册了账号，上传了病历等以往诊治材料。杨大夫进行了多次回复，并建议方便的时候带患者到北京就诊，看是否具备手术条件。考虑到孩子当时正处于高三冲刺阶段，不便惊动，因此我计划孩子高考后为父亲治病。

父亲比较固执,以往让他看病,不是说"不去,不去,哪儿也不去",就是说"不看,不看,我这病看也白看",所以我所做的准备工作都在暗中进行。孩子考取了中国农业大学(简称"农大"),于 8 月底开学。中秋节,我向父母试探提议去北京治病,出乎预料,父亲愉快地答应了。国庆假期,我预约了 10 月 13 日下午杨大夫的知名专家号,并在网上预定了距朝阳医院最近的酒店。

二、在朝阳医院查病的日子

2011 年 10 月 12 日　星期三

为赶坐早上 7 点 30 分从阳信始发到北京的长途客车,我们 6 点 30 分就从家里出发了,没成想过了"十一"长假旅客稀少,7 点 40 分出发的时候上座率还不足一半,司机又赶到水落坡鼎龙接了几位旅客才出发。一路无话,中午 12 点47 分车非常顺利地到达终点——永定门长途汽车站(南站)。下了车,我背两个包,托一个包,随着父亲挪动找出租车,父亲每走三五十米就喘着粗气要坐下来休息三五分钟。好不容易走到道口,看到一辆空出租车就像找到了救星。还算顺利地到达酒店,因为预订在先,所以很快办理了入住手续。北京的酒店房间太小了,刚好容得下两张床,幸好房间内有数字电视,按转换键就是电脑功能。酒店位于一个半封闭院子内,四周有网吧,还有四家小吃店。父亲早年在鞍钢工作,自然首选了东北菜餐馆,点了酸菜等两菜一汤。

吃完饭稍做休息,我就下楼找朝阳医院做先期打探。步行不长时间,就到了医院,沿着导医指向牌,很快找到了门诊楼。朝阳医院是首都医科大学附属医院,整体建筑为红色,楼顶"北京朝阳医院"的大牌子非常醒目。我将预约的临时号码换成就医卡,然后去四楼的呼吸科咨询,挂号处护士要求第二天中午 1 点来取就诊号。朝阳医院东、西、南、北都有进出门,我从东门出,沿着三里屯路返回,结果不对,又从东门向西走,通了。路上还买了北京的手机卡,精心选的卡号挺好记:15-00-11-68-707,68 是我的出生年份,707 与我原来的号码末三位相同。

晚饭吃的是"沙县名吃"土鸡汤面,回到房间后,看电视、看书、上网交替进行,直到凌晨才熄灯睡觉,居然没听到父亲的鼾声。

10 月 13 日　星期四

吃完午饭,我们打车去医院呼吸科诊室。因为楼前是单行道,车子在路口就停下了,这可苦了父亲,走 30 米一停,走 30 米一停,等到艰难地登上四楼,时间正好是中午 1 点。只见连椅上坐满了早早候诊的病人及其家属,我挂了个 11号,心里直埋怨自己对困难估计不足致使就诊时间偏晚。中午 1 点 15 分,杨大夫上班了;下午 3 点,我们进入了诊室,杨大夫询问了病情,听诊了心脏,参阅了我带去的住院病历等建议住院后做进一步检查治疗。听到她的建议,我虽不相信这是真的,但也早有预料,这将是一场持久战,既然来了,就欣然住下,接受全面治疗,搞清病因,哪怕是手术。

两天来,李局长多次来电话、短信询问看病进展情况。我回到酒店,又收到他的短信,他要我安心陪老人看病,工作的事他会安排好。

下午5点半,我接到儿子电话,他要过来看望爷爷。从农大过来,要坐公交车加地铁,估计要一个多小时。祖孙三代入京城聚餐,自然喜不自禁。三菜一汤外加一份蛋炒饭、一份炒饼,吃得很开心。儿子在房间坐到快8点,我催他返校,带上冬枣要他与同学分享,并嘱咐到校后发短信报平安。送他到门口的一刹那,我的眼圈一红,学过的课文《背影》的场景立即浮在眼前,遂赶紧穿衣、下楼,但愿儿子能慢些走,但赶到门口,儿子已经消失在茫茫夜色中了。晚上9点20分,儿子的短信还没来,电话也无法接通。9点30分,儿子的电话还是无法接通,我的眼睛虽落在书上,心里却在想怎样通过联系他在北京读书的发小鹏鹏或中宇查询宿舍的固定电话号码。9点39分,手机终于通了,儿子刚到宿舍,他的手机没电了,我悬着的心终于放下了。

10月25日　星期二

吃完早饭,我们就等着做冠状动脉造影检查。等得很心焦,一遍一遍地走到走廊口翘首,也一次次到护士台、医生值班室问询,其实我也知道安排检查事项,需要各科室统筹协调,也不是他们说了算。

下午2点半,值班医生才过来接走父亲做检查。下午2点57分,手术医生跟我交代,血管有几处堵塞。回到病房后,邝大夫很快过来了,他嘱咐要先从手术室取光盘,明天下午拿给安贞医院的甘辉立大夫,请他做最后的评估。

做了动脉造影后,父亲左臂针眼处用卡子环绕并加了压力以防止动脉流血,自下午3点开始,每隔两个小时就稍稍放压一次,晚上7点值班医生不小心放压过大出了血,把医生、护士和我都吓坏了,此后医生更加小心,而且在凌晨1点还请来心内科值班医生查看,无碍后方安心睡觉。

整夜,父亲情绪激动,不是唉声叹气,就是悄悄流泪,看来他是担心手术费用过高、怕儿女经济负担过重。我一再劝说他,不要自己想不开,能够做手术,就能有效延长生命,提高生活质量,应该高兴才是。

10月26日　星期三

早上给父亲买了他爱吃的油条。早饭后就跟邝大夫、廖大夫协商出院事宜。父亲情绪激动,甘大夫考评未卜。走在买饭、取药的路上,举目无亲,真切体会到了孤独无助的感受。

中午11点我就下楼买饭,并买了面包、蛋糕,以防万一我下午回来得晚父亲挨饿。12点整,我带上所有的检查文本、影像资料,背上笔记本电脑,下楼乘地铁去安贞医院。从安贞门出地铁,天气阴沉,也辨不清东西南北,好在经询问很快找到了医院,没想到居然挂了个2号。下午,我怀着如同罪犯等待判决一样的心情进入甘大夫诊室,打开电脑,甘大夫仔细查看完每一帧造影后,向我交代:手术可以做,但要分两个手术,一是心脏搭桥,二是肺栓塞切除,手术以肺栓塞切除为主,当然手术风险也比单纯一个手术大,11月初再联系。走出诊室,我心中的大石头落了下来,毕竟可以做手术,这是好消息。在家等待一段时间,我们也可进一步商量、论证一下。走出安贞医院,我沿医院周围查看了三家宾馆,要为今后的住院陪护做准备。

三、在安贞医院接受手术的日日夜夜

12月12日　星期一

晚上在宾馆洗了个热水澡,没看完央视的《世界周刊》就睡了,但第二天早上不到5点半就醒了,再无睡意。起床后,我吃了早餐就来到病房。通知手术排在第二台,预计中午以后进行,所幸上午我们把大部分衣物、食品收拾妥当了。父亲的心理素质极好,这一点令我很佩服,我想他的精神支柱是强烈的求生欲望。

中午12点30分,淑芳给父亲打来电话,鼓励他不要害怕,要平静、勇敢地面对。静等的时间过得真慢,我们轮流在走廊走来走去,不时朝门口张望,急切地盼望手术床的到来。下午1点57分,接手术的医生终于来到了病房,我们带上手术用的脸盆,推着父亲来到三楼手术室,先是与麻醉师见面签字,然后去一楼社会服务部等候消息。3点15分,社会服务部值班人员给我们讲解候诊常识,我们知道,如果没有候诊电话打来,说明手术是正常进行。

甘大夫估计手术时间是五六个小时,我们吃了晚饭,弟兄三人分三个地点等候手术消息:军弟在社会服务部听电话,波弟在十楼楼口,我则在二楼手术室楼道等候。

时间一分一秒地过去,我生怕漏接每一个电话,把手机紧紧攥在手上,以至于手机外壳都被汗水沾湿。晚上7点41分,接到甘大夫电话,他让上三楼手术室门口看标本,我心里一阵紧张。甘大夫说,手术还在进行。

我叫波弟也来到二楼等候,期盼手术能早一点结束。将近凌晨,甘大夫终于走出了手术室,我们赶紧凑上前。"手术比较顺利,不过现在还处于风险期,这期间什么都有可能发生,甚至死亡",甘大夫非常郑重,一如既往地惜字如金。

12月13日　星期二

虽然凌晨1点才入睡,但我早上6点就醒了。吃过早饭,波弟替军弟在社会服务部值班,我则去了10楼见甘大夫。甘大夫说,病情相对稳定,现在依靠药物维护,目前还在危险期,重点是预防突发病,如果没有特殊情况,就不给我打电话。我赶紧下楼,给王局长、李局长及一直关心父亲手术的亲友发短信。

晚饭后,我又到 10 楼,见到了正在值班的金大夫。他说,病人年龄较大,病情较重,且手术大,因此医生控制不让病人过早醒来,等待其身体各器官功能逐步恢复后让病人再有意识,以减轻痛苦。听了医生的话,我心情又放松了不少,于是返回宾馆睡觉。

12 月 14 日 星期三

我到医生办公室见甘大夫。甘大夫刚从 ICU 回来,他说总体病情稳定,但有两个小问题:一是分泌的痰较多,二是血象升高到了 3.8 万,不过这些都在预料之中,且已调整了治疗方案,今后会密切监护。

12 月 15 日 星期四

上午 9 点左右,甘大夫从 ICU 回来找我谈话:病情基本正常,但要给他胃内充点食物,让我去超市买两板"氧乐多"。一想到父亲很快就要从 ICU 出来了,我心里感到很踏实、很兴奋。

下午,我先是接到军弟电话说医生让去病房,我以为是父亲出 ICU 了,马上给波弟打电话问是否要带衣物,波弟急促地说:"不要带,快上来!"一路上,我有一种不祥的征兆,不由得一阵小跑。很快弟兄三人汇聚在一起,甘大夫说:"病情相对稳定,但血象高得离谱,从 1.4 万、1.8 万、3.8 万到 4.5 万,4.5 万是我们多年没有遇到的现象,不知是什么原因,估计是病人有吸烟史,抵抗力差,但愿没有别的原因。我们已经请了医院的权威专家会诊,调整了医疗方案,明天看结果。"

大夫的一席话使我们头脑发蒙,我们不知道血象 4.5 万意味着什么。我提出先去网吧查询资料,百度搜索"手术后血象高的危险",同时向熟识的医生询问,晚上又短信咨询了杨媛华教授,虽然他们的解释让我稍稍有点宽心,但是我晚上还是坐卧不宁,思虑着血象降不下来意味着什么,但愿父亲能闯过这一关。

12 月 28 日 星期三

今天是出院的日子,父亲早已归心似箭。我特意嘱咐军弟早上不要来病房太早,因为我还要咨询大夫出院后的注意事项。上午 8 点 15 分甘大夫、金大夫都过来了,甘大夫给我写了五条注意事项,金大夫把检测血液 PT 的流程表拿给我。因为他们两人上午有手术,所以告诉我办理出院手续要等到下午 2 点以后。

时间在一分一秒地流逝,迟迟未见金大夫的踪影,我只好给甘大夫发短信,未得到回复。这时,父亲已经完成输液,只等着最后一次换药。直到下午 3 点 15 分,金大夫才匆匆赶来。他刚刚做完一台手术,还没顾上吃午饭,这时我心中的焦躁开始变为理解和敬意。金大夫很快就给办理了出院手续,只是收费项目要进行审核,还要再等一段时间。下午 4 点左右,我开始办出院结算,忙中出错,忘了领出院后吃的药物,又多跑了一趟,费了好大劲才找到专为出院开药的病房。金大夫完成了换药后,我紧紧握着他的手再三表示感谢,并与病友们一一道别。

出院前,我再一次驻足凝望煎熬了我们 39 个日日夜夜、给父亲带来生命奇迹的安贞医院,然后踏上了返家的行程。此时,正是下班高峰,车在北京四环路上如同蜗牛爬行,一个多小时后才出北京城。等候的家人早已包好了羊肉水饺。深夜车进了家门,父亲和家人相见,自然又是一通激动落泪。安顿好父亲,已近凌晨。明天还要进行基本功比赛,尽管李局长叮嘱我在家好好休息几天,但我已经请了 50 多天假,怎忍心再耽误工作? 我抓紧休息,准备参加明天的大型活动。

国家"十三五"重点研究课题"养成教育研究"子课题

学校指导家庭养成教育途径方法的研究

    阳信县教育和体育局"学校指导家庭养成教育途径方法的研究"课题组成员共五人,由教体局教师专业发展主管科室负责人一人、学校业务副校长两人、德育主任两人组成,其中包括市级名师、名班主任三人。课题组自 2017 年 1 月成立以来,课题组成员以强烈的事业心与责任感,系统学习家庭教育、行为习惯养成有关理论,参加智慧教育研究院"养成教育研究"总课题组举办的专题培训,深入班级分别召开班主任和学生座谈会,到家中走访,开展问卷调查、举办养成教育讲座,认真梳理实验数据、总结研究成果,经过三年多时间的研究,顺利结题。

一、研究背景及意义

    家庭是孩子教育的起点,父母是孩子的第一任老师,家庭教育在人的成长历程中有着重要的启蒙作用。学校指导家庭养成教育也伴随着国家经济与社会的发展逐渐走上了规范化、科学化轨道。《中华人民共和国教育法》规定:"未成年人的父母或者其他监护人应当为其未成年子女或者其他被监护人受教育提供必要条件。未成年人的父母或者其他监护人应当配合学校及其他教育机构,对其未成年子女或者其他被监护人进行教育。学校、教师可以对学生家长提供家庭教育指导。"这是我国首次以法律的形式规定在未成年人的成长过程中家庭教育与学校教育的配合,学校及教师可以对学生家长提供家庭教育指导。1999 年 6 月,《中共中央 国务院关于深化教育改革,全面推进素质教育的决定》提出,"素质教育应当贯穿于学校教育、家庭教育和社会教育等各个方面"。2001 年 6 月,《国务院关于基础教育改革与发展的决定》对家庭教育进行了明确要求:"重视家庭教育。通过家庭访问等多种方式与学生家长建立经常性联系,加强对家庭教育的指导,帮助家长树立正确的教育观念,为子女健康成长营造良好的家庭环境。工会、共青团、妇联等团体要开展丰富多彩的家庭教育活动。"2004 年 2 月,《中共中央 国务院关于进一步加强和改进未成年人思想道德建设的若干意见》不但强调要重视和发展家庭教育,指出"各级妇联组织、教育行政部门和中小学校要切实担负起指导和推进家庭教育的责任",而且首次提出要加强对家庭教育进行研究,"充分发挥各类家庭教育学术团体的作用,针对家庭教育中存在的突出问题,积极开展科学研究,为指导家庭教育工作提供理论支持和决策依据"。近年来,教育部等有关部门先后颁布《关于进一步加强家长学校工作的指导意见》《关于建立中小学幼儿园家长委员会的指导意见》《关于加强家庭教育工作的指导意见》等文件,为学校指导、配合家庭教育工作提供了基本遵循。

近年来,养成教育作为中小学德育最基础、最重要的组成部分逐渐受到重视。阳信县也于2008年在全县中小学开展了良好习惯养成主题实践教育活动,并举行了学生良好养成大观摩活动。但由于受家长传统观念、关键期把握不牢、学校推行力度等诸多因素影响,中小学生及幼儿养成教育的效果不尽如人意,从而对学生的良好品德及健全人格发展产生了负面影响,引起了教育界有识之士的研究与关注。

二、研究目标与预期达成目标

研究目标:一是学习贯彻党和国家对家庭教育、加强养成教育的指导思想和目的要求;二是明确学校在养成教育中的主导责任与家长的主体责任;三是从规范行为习惯做起,培养学生良好的道德品质和学习习惯、生活习惯、健身习惯、劳动习惯、安全习惯;四是呼吁推动构建支持家庭教育的社会体系。

预期达成目标:一是提升家长对家庭教育极端重要性的认识,明确主体责任;二是强化学校对家庭教育及学生良好习惯养成工作的指导;三是使学生懂得做人做事的基本道理,具备安全生存、文明生活、学习求知的基本素养,学会处理人与人、人与社会、人与自然等方面的基本关系,使他们在学校中做一个有个性、会学习、知荣辱的好学生,在家里做一个有孝行、会自理、担责任的好孩子,在社会中做一个有教养、会共处、守公德的好少年;四是构建学校、家庭、社会互为补充、互相促进的正向教育体系;五是营造注重家庭、注重家教、注重家风的良好社会风尚。

三、研究过程

(1)准备阶段:2017年1—2月。组建课题组,查阅资料,收集信息,开展理论学习和交流活动;研究制定课题实施方案;聘请科研人员对课题进行指导和可行性论证。

(2)启动阶段:2017年3—4月。召开课题组会议,全面研究课题实施方案;召开学校家长座谈会,发放问卷调查表,收集资料。

(3)实验阶段:2017年5月至2019年12月。设计各项表格,组织问卷调查;探索中小学生良好思想品德、学习习惯、生活习惯养成的方法和手段;召开学校领导、班主任及学生家长座谈会,进一步交流反馈、提炼思想。

(4)总结阶段:2020年1—3月。设计后测调查问卷;归纳、整理研究资料;分学段编写养成教育指导手册,课题组成员学校反馈意见;撰写课题的总结报告和结题报告。

四、研究结果分析

(一)养成教育理论和基本观点

无论是家庭还是学校,无论是学校领导、老师还是家长与学生,都应该了解养成教育的基本理论和基本观点。

(1)养成教育的极端重要性:小习惯成就大未来。叶圣陶说:"教育就是培养好习惯。"乌申斯基说得更深刻、更形象:"好习惯是人在神经系统中存放的资本,这个资本会不断地增长,一个人毕生都可以享用它的利息。而坏习惯是道德上无法偿还清的债务,这种债务能以不断增长的利息折磨人,使他最好的创举失败,并把他引到道德破产的地步。"威廉·詹姆斯则说:"播下一个行动,收获一种习惯;播下一种习惯,收获一种性格;播下一种性格,收获一种命运。"

(2)了解养成教育的心理特征。习惯培养是一个由被动到主动,再到自动的过程。被动阶段的心理特征是遵从,主动阶段的心理特征是认同,自动阶段的心理特征是内化。

(3)养成教育遵循的基本原则:规范化原则,以教育部颁布的《中小学生守则》和《小学生日常行为规范》《中学生日常行为规范》为基础;具体化原则,本着"小、细、实"的要求,把各种日常行为规范的内容具体化,使学生易于理解和践行;序列化原则,遵循青少年的成长规律,体现学段和年级的层次性;知行统一原则,既要重视课堂教育,更要注重体验教育,注重自觉实践、自主参与。

(4)明确培养良好习惯的六大步骤。

第一步,提高认识,引导孩子对养成某个习惯产生兴趣。

第二步,明确行为规范,让孩子清楚某个良好习惯的标准。

第三步,适时榜样教育,让孩子对养成某个习惯产生亲切而向往的感情。

第四步,坚持不懈地进行行为训练,让孩子由被动到主动,再到自动,养成某个良好习惯。

第五步,及时评估和奖惩,让孩子在成功的体验中养成良好的习惯。

第六步,创设良好的环境和家风,让孩子在良好的环境熏陶中养成良好习惯。

（二）养成教育的重点

以中小学生"六大养成"为重点，明确养成教育的内容及其要领。

品德养成：遵守规则、诚实守信、认真负责。

求知养成：独立思考、学用结合、总结反思。

生活养成：讲究卫生、均衡饮食、合理消费。

健体养成：掌握技能、素质达标、磨砺意志。

劳动养成：家务自理、勤劳节俭、勇于吃苦。

安全养成：敬畏生命、自救自护。

在此基础上筛选出可让学生受益终生的 36 条良好习惯，坚持天天培养。

品德养成六大好习惯：遵守规则的习惯，文明礼让的习惯，向师长请示报告的习惯，信守承诺、不说谎话的习惯，穿戴整洁、举止大方的习惯，遵守公德、爱护设施、保护环境的习惯。

求知养成六大好习惯：自觉预习习惯，专心听讲习惯，独立作业习惯，探究交流习惯，勤于积累习惯，总结反思习惯。

生活养成六大好习惯：做事有计划、有条理、不盲目的习惯，讲究卫生的习惯，营养均衡、不挑食的习惯，用过的东西放回原处的习惯，理性消费、俭朴生活的习惯，今日事今日毕、不拖沓的习惯。

健体养成六大好习惯：按时做"两操"的习惯，有良好坐姿站姿及用眼卫生的习惯，上好每节体育课的习惯，早睡早起的习惯，每天自觉锻炼一小时的习惯，每人一项擅长运动项目的习惯。

劳动养成六大好习惯：自己的事自己做的习惯，家务事主动做的习惯，集体的事抢着做的习惯，别人的事帮着做的习惯，爱护和珍惜劳动成果的习惯，熟练掌握基本劳动技能的习惯。

安全养成六大好习惯：遵守交通规则的习惯，遵守公共秩序的习惯，远离危险物品的习惯，不与陌生人交往的习惯，保护自己隐私的习惯，不做危险动作的习惯。

（三）强化学校的主导责任

充分发挥学校教育的主导作用。要制定和完善有关规章制度，开展好主题教育，组织好各项德育实践活动，运用好现代信息网络资源，增强教育的吸引力和感染力；充分发挥共青团和少先队的示范引领作用；要开展课题专项研究，力求在理论上有创新、在实践中有突破。

重视和发展家庭教育。要办好家长学校，普及家庭教育知识，推广家庭教育的成功经验，引导家长树立正确的家庭教育观念，掌握科学的家庭教育方法；要完善教师家访制度,定期召开家长会,了解各种家庭背景下的学生不同的行为习惯形成的原因,增强养成教育的针对性和实效性。

广大教师要将养成教育融入、渗透到各门课程教学中,更要不断提高师德修养,坚持立德树人,要以严谨的行为、高尚的人格魅力教育、影响学生。德育主任、班主任要在加强学生行为习惯养成教育中发挥好轴心和表率作用,认真探索行之有效的教育方式、方法,进一步提高育人水平。

(四) 夯实家庭的主体责任

"天下之本在国,国之本在家,家之本在身。"民族的基石依靠每一个家庭去夯实,社会的进步需要每一位家长去推动,家庭教育的作用在孩子的成长中具有奠基性、深刻性和长远性。父母作为孩子的第一任老师,在家庭生活中潜移默化地培养孩子良好的习惯、性格和情绪,是"人生真正的起跑线"。引导家长明确自身在家庭教育中的主体责任,提高家长的家庭教育水平是学校义不容辞的责任。"家庭是人生的第一所学校,家长是孩子的第一任老师,要给孩子讲好'人生第一课',帮助扣好人生第一粒扣子。"习近平总书记在 2018 年全国教育大会上的讲话,把家庭教育提升到前所未有的高度。"广大家庭都要把爱家和爱国统一起来,把实现家庭梦融入民族梦之中,心往一处想,劲往一处使,用我们 4 亿多家庭、13 亿多人民的智慧和热情汇聚起实现'两个一百年'奋斗目标、实现中华民族伟大复兴中国梦的磅礴力量。"

(五) 推动构建家庭教育的社会体系

学校要主动作为,积极拓宽教育的途径,主动争取街道、村委会以及其他有关部门的支持与配合,调动一切有利于青少年成长的积极因素。要结合新课程综合实践活动的要求,在社会大课堂中培养、矫正和提升学生的行为习惯。

阳信县教育和体育局"学校指导家庭养成教育途径方法的研究"课题组
2020 年 3 月 26 日

在儿子、儿媳婚礼上的致辞

尊敬的要茂盛导师，尊敬的各位亲友、各位来宾：

大家上午好！今天天公作美，微风送爽，大家从四面八方赶到阳信，参加我儿子灏轩与儿媳张珂的结婚典礼，见证他们最重要的人生庆典。请允许我代表双方家人对各位的到来表示热烈的欢迎！此时此刻，我想说几句话。

首先是感恩、感谢与感动。

感谢我的父母、岳父岳母对儿孙辈的养育之恩，感恩他们含辛茹苦、身体力行引领家庭形成的良好家教和家风；感谢亲家培养了一位知书达理、聪慧贤淑的好女儿；感谢各位领导、同事、亲友对双方家庭、两个孩子的关怀与呵护；特别感谢灏轩与张珂的各位老师对他们的精心指导和人格培育。在此我谨代表双方家人向多年来给予两个家庭呵护与关爱、对两个孩子进行教育和培养的师长、亲友、来宾表示衷心感谢！（深鞠一躬）

其次是对两个孩子提几点希望和要求。

一要弘扬科学精神。双方家庭坚定地支持你们选择走科研道路，科学上没有平坦的大道，选择了科研意味着选择了艰辛和奉献，选择了科研意味着远离了舒适和安逸。希望你们追慕先贤、心神笃定，在各自研究领域的理论前沿与实践高地永不满足、永远进取，为实现专业理想和人生价值不畏艰难、勇攀高峰。

二要厚植家国情怀。从呱呱坠地到结婚成人，从学龄前儿童到硕士、博士毕业，你们成长的每一步都饱含了各位家人、老师、朋友的辛勤付出、谆谆教诲与热切期待。"没有爱心就没有教育，没有呵护就没有成长"，教师家庭出身的两个孩子可能对此有更深刻的体悟。希望你们永怀赤子之心，把报效国家、服务人民、造福家乡、回馈亲友放在最高位置。按照原定计划，不久你们就要赴美进行学术交流，"只要还有国境线，爱国就是无条件"，走向世界参加国际交流、交往，要展示当代青年的世界眼光和中国灵魂，彰显我们国家的制度优势与中华民族的文化自信。

三要建设现代家庭。执子之手与子偕老，两人要相濡以沫、主动担当、相亲相伴、彼此忠实。特别是疫情当前，外出求学期间更要注重自我防护，与周围师友友好相处。

再次是祝福与祝愿。

与阳信虽然相隔 1 000 多千米，但一条母亲河将河套平原与渤海之滨联结起来，两个家庭也因儿女姻缘结成了命运共同体。在此祝福我的亲家人财两旺、家庭幸福！祝福两个孩子白头偕老、钟爱一生！祝愿各位亲友、各位来宾阖家幸福，万事如意！

2020 年 6 月 26 日

后　记
——一份年过半百的人生答卷

　　1985 年 9 月 10 日,参加完学校组织的全国第一个教师节庆祝活动后,作为一名中师三年级学生的我,在笔记本上工工整整地抄下一首诗:"人生贵有崇高志,育花欣做水肥泥;一曲园丁唱万代,鞠躬尽瘁后人师。"弹指一挥间,36 年过去,我早已过了知天命的年纪,虽然工作岗位几度变化,岁月让我容颜变老,但初心依旧。当数学老师,爱生如子、言传身教,走到哪里就把竞赛的冠军带到哪里;从事德育工作,春风化雨、启智润心,致力于育人实效的探索,坚定执着;担任师训办主任,示范引领、提携后生,一些独创性、奠基性工作的效益正日渐凸显。

　　得益于多年养成的善于阅读、勤于积累习惯,我视工作为乐趣,把困难当课题,干一行、爱一行、钻一行、专一行。仅是近年来的教学设计、随笔日志、心得体会、讲话提纲、新闻报道等材料已积累有 20 万字。时常翻阅,历久弥新,倍感珍惜。汇集出版,不免心情忐忑,这些"土杂品"面世恐令领导和专家贻笑大方。转念又坦坦荡荡,这些文章从酝酿、起草到定稿,都是从工作与研究的需要出发,都经过了调查研究和深入思考,都是自己的原创。这是我多年教育教学、服务基层、经营家庭的心血,视野与境界、品格与学识、公德与私德都隐藏在字里行间。芸芸众生中,我业不精、德不成、位不显,但为国家尽忠、为学生尽职、为父母尽孝、为家庭尽责、为友朋尽心给了我强大的精神支撑,回望做过的事、走过的路,虽非尽如人意,但已无愧我心。

　　本书付梓之际,心情感奋,浮想联翩。我深深感谢专家们的引领。国家教育行政学院于维涛主任在百忙中给予了热切指导并欣然为本书作序,滕俊平编辑对本书出版给予了无私帮助。

　　深深感恩领导的信任、团队的支持。"三名"工程团队、职初培养团队、学科技能培训团队等集体的力量激励我超越自我,永远进取。王立新、王伟燕老师对书稿整理给予了大力协助。

　　深深感念家庭的温暖。父母的教诲、妻子的鼓励、儿子的成长增添了我的信心和力量。

　　我还要向多年来一如既往关心、支持我工作与生活的同事、亲友表示感谢，是你们的呵护让并不年轻的我永葆向上、向善的力量。

　　书稿交付编辑之时，我如同刚刚走出考场，完成了一份年过半百的人生答卷，也仿佛正在开启一场与志同道合的专家、领导、同事、亲友的心灵对话……

陈　辉

2021 年 8 月 18 日